디아 띄우기

현대수필가100인선 II · 54

디아 띄우기

이명진 수필선

수필과비평사 · 좋은수필사

■ 책머리에

　수필은 누구나 부담 없이 읽고, 마음만 먹으면 직접 쓸 수도 있는 가장 친근한 문학이다. 다른 영역의 문학이 영상매체에 밀려 신음하고 있는 중에도 수필 인구만은 날로 증가하여 바야흐로 수필 전성시대를 구가하고 있는 이유도 거기에 있을 것이다.
　시대적 추세에 힘입어 수많은 수필전문지, 수필동인지가 창간되고, 이에 비례하여 신진 수필가도 날로 늘어나다 보니 이제는 그 많은 작가, 그 많은 작품 중에서 문학성 높은 작품을 가려 읽는 일이 쉽지 않게 되었다. 이런 현상은 작가에게나 독자에게나 결코 바람직한 일이 아니다. 더 나아가서는 수필을 연구하는 후세들에게도 큰 부담이 될 것이다.
　이런 문제를 해결하는 데는 출판인도 마땅히 한몫을 감당해야 한다는 평소의 소신에 따라, 본사가 기꺼이 그 역할을 맡기로 했다. 그 첫 번째 사업으로 시대를 대표할 만한 수필가 100인을 선정하고, 작가가 자선한 40편 내외의 작품을 수록한 문고본을 발간하여 이를 널리 보급함으로써 그 소임을 다하고자 한다.
　본사는 사명감을 가지고 이 사업을 추진해 나가기로 했다. 작가 선정을 전담할 편집위원회를 구성하고 전권을 위임하여 일체의 사적인 정실이나 청탁을 배제함으로써 전문성과 공정성을 확보해 나갈 것이다.
　따라서 이 기획물 속에는 작가의 문학정신뿐만 아니라, 본사의 문학사적 기여 의지와 편집위원 제위의 수필문학에 대한 애정과 문인으로서의 양심이 함께 담겨 있음을 자부한다. 다만, 작가를 선정하는 기준에는 많은 견해의 차이가 있을 수 있고, 선정 과정에서도 미처 챙기지 못한 부분이 있을 것이라는 사실만은 인정하지 않을 수 없다. 이 점에 대해서는 관계자 여러분의 양해 있으시기 바란다.

이 시리즈의 발간 순서는 작가, 또는 본사의 사정에 의한 것일 뿐 그 밖의 어떤 기준도 적용하지 않았음을 밝힌다.

본 기획물이 시대를 초월한 많은 수필 애호가들의 관심과 애정 속에 우리나라 수필문학 발전에 한 이정표가 되기를 바랄 뿐이다.

본사에서는 이상과 같은 취지로 ≪현대수필가 100인선≫ 전 100권을 완간하여 큰 반향을 불러일으킨 바 있다.

그러나 우리 수필문단의 규모나 수필문학의 수준에 비추어 선정 작가를 100인으로 한정하는 것은 형평성이나 효율성 면에서 크게 부족하다는 의견이 많았고, 본사 또한 이를 통감하던 터라 기꺼이 ≪현대수필가 100인선Ⅱ≫를 발간하기로 했다.

본사의 충정에 찬동하여 출판에 응해주신 저자 여러분에게 진심으로 감사한다.

2014년 9월 일

수필과비평사 · 좋은수필사 발행인 서 정 환
현대수필가 100인선 간행 편집위원 박 재 식 최 병 호
정 진 권 강 호 형
오 세 윤

| 차례 | 현대수필가100인선 II · 54

1_부 틈새 메우기

- 대명항 단상 • 12
- 대명항 탱고 • 17
- 대명항 풍경 · 2 • 22
- 대명항 풍경 · 3 • 27
- 소금꽃 • 32
- 잃어버린 구두 • 37
- 찍새전傳 • 42
- 틈새 메우기 • 47

2_부 디아 띄우기

네팔에서 만난 여신 • 54
덤으로 만난 연인들 • 60
디아 띄우기 • 65
룸비니 동산에서 부처를 꿈꾸다 • 70
뭄바이는 아이러니에 빠지다 • 77
사라져 가는 빨래터 • 82
신神의 경계에서 사기꾼을 만나다 • 87
오래된 풍경 • 95
함피Hampi, 경계를 풀다 • 100
함피Hampi에서 전생을 만나다 • 106

3_부 그 해 너머

그 해 너머 • 112
꿈이 아니라 더 아프다 • 117
느리게 살아가는 일 • 122
디지털 시대의 아이들 • 127
별을 찾아가는 행복 메시지 • 132
서로 다른 교집합들의 행진곡 • 137
엘리베이터 앞에서 • 143
오늘, 하루만 • 148
피자 먹는 여우 • 153
할머니와 금비녀 • 158

4_부 생야일편부운멸生也一便浮雲滅

　본래 모습으로 머물다 • 164
　사랑을 만들어 주세요 • 171
　사랑의 언어 • 181
　사랑이라 더 슬프다 • 186
　생야일편부운멸生也一便浮雲滅 • 191
　회귀 본능 • 196
　심도 길을 가다 • 202
　천국에 있는 것처럼, 우린 • 207
　탈출기 • 213
　프리다 칼로의 '나의 탄생' 너머 • 218

◼ 작가연보 • 223

 부

대명항 단상
대명항 탱고
대명항 풍경·2
대명항 풍경·3
소금꽃
잃어버린 구두
찍새전傳
틈새 매우기

대명항 단상

 사방으로 흩어지는 봄 햇살. 거울인양 눈부시고, 양털인양 따듯하다.
 어느새 봄은 가로수 길을 지나, 논두렁 밭두렁을 건너, 숲을 헤집어 놓고, 대명항에서 살아가는 사람들의 마음에까지 찾아 왔다. 늘 봄은 포근하게만 다가오는 걸까. 버스 정류장을 벗어나자마자 양쪽으로 빼곡히 늘어선 횟집 간판들이 들쭉날쭉 제 모습을 뽐낸다. 겨우내 상가 통 유리창에 붙어 있던 먼지들이 낯간지러운 듯 풀풀 곡예를 한다. 시야가 어지럽다. 방금 물청소를 끝낸 도로변에 아지랑이가 피어오른다. 손님 맞을 준비로 분주한 종업원들의 손놀림에 혹독하게 추웠던 겨울이 갯벌로 떠밀려 가는 순간이다.
 밀물과 썰물 탓인지 추위는 순식간에 바닷물 속으로 빨

려 들어갔다. 얼마 전까지 둥둥 떠다니던 유빙은 어디로 갔을까. 무심결에 고개를 휘둘러본다. 지난 겨울 매서웠던 추위는 항구를 얼어붙게 했다. 한강에서부터 떠밀려온 얼음덩어리들은 물이 빠진 대여섯 시간동안 낮아진 해수면을 순식간에 남극으로 만들어 놓았다. 제 각각의 크기로 항로를 가로막던 얼음 덩어리들로 인해 배들은 물 빠진 갯벌 위에서 옴짝달싹도 못한 채 조업 할 엄두조차 내지 못했다. 이상기온은 항구를 삶의 터전으로 알고 살아오던 마을 주민들의 몸과 마음까지 빙하시대로 만들어 버렸다. 시나브로 추하추동을 만끽하며 살아온 우리들 아니던가. 천재지변의 조화로 속수무책일 수밖에 없었던 이웃들은 웃음마저 잃어 버렸다. 사실 웃음은 풍요로움 속에서만 생겨나지는 않는다. 각박한 세상살이의 틈틈이 여유로움을 만끽할 수 있을 때, 가슴을 열어 터트릴 수 있는 소리가 웃음 아니던가. 그런 웃음을 바다는 변해 버린 기온을 핑계로 빼앗아 갔다. 아무 대가도 바라지 않고 순박하게, 무지스럽게 자연에만 의지하며 살아온 뱃사람들 아니던가. 뺏기고 빼앗기는 일이 어디 그뿐일까만, 생활의 터전인 바다에게 무릎을 꿇어야 할 우리 동네 사람들은 투쟁도 반항도 할 줄 모르는 평범한 어부였다.

  이즈음 어시장은 늘어나는 어획량으로 술렁거려야 옳았다. 하지만 어부들의 그물질을 바쁘게 만들어야 할 바다에서는 평소보다 극도로 차갑거나, 따뜻해진 수온으로 인해 도통 고기가 잡히질 않는다. 줄어든 물량으로 항구는 기름값과 뱃사람들 인건비 걱정에 한숨이 끓일 날 없다. 봄이면 주꾸미, 꽃게, 밴댕이로 흥청거려야 할 서해였다. 갈매기들도 덩달아 환호성을 지르며, 뱃전에서 먹이를 포획하느라 분주해야 흥이 생기는 마을이다. 하지만 먹잇감이 없는 항구에 갈매기가 터전을 잡을 리 만무 했다. 겨울이 지나면 여유롭게, 때론 빠르게 떼 지어 다니던 갈매기들조차 구경하기 힘들어졌다. 바닷가 인심은 그물을 깁는 이들의 손끝에서 시작해 하늘을 나는 갈매기의 울음에서 생겨난다 해도 과언이 아니다. 많은 재물을 가지고 있지 않더라도 그들이 가진 일부분을 손쉽게 내어 주던 마을 사람들이다.

대명항은 언제나 더불어 살아가는 이웃들의 모습을 보여주는 무대역할을 했다. 더불어 살아간다는 일은 좀 더 나눌 줄 아는 넉넉한 인심이 아닐까. 나를 앞세우기보다는 남을 먼저 배려할 줄 아는 마음이 있어야 함께 살아갈 수 있다. 지난해 겨울처럼 혹독한 추위 앞에서 생업이 위태로워 질 때, 사람들 마음은 간사해 질 법도 한데 의연하게 서로 정을 나누니 조상과 함께 뼈를 묻고 지켜갈 만하다. 이곳에서는 남편이 배 타고 바다로 나가 잡아온 생선들을 아내들이 어시장에서 판매를 한다. 그러다보니 언제 어떤 상황이 전개될지 모르는 바다에서 육체적으로 힘든 일을 해야 하는 남편들은 거칠기 마련이다. 아내들 또한 장사판에서 소리 높여 물건들을 팔다보니 억척스럽기 매일반이다. 언제나 반복되는 상황에 처한 부부의 일상은 그물에 걸려 잡혀온 생선들처럼 퍼드득, 퍼드득 삶에 대한 욕망이 간절하다.

  어시장에서의 하루 일과는 모두가 똑 같다. 배가 포구에 들어오는 시간에 맞춰 개장하면, 어획량을 확인하는 순간부터 판매 전쟁은 시작이다. 어느 배는 만선이고, 어느 배는 그물이 쓸려 주꾸미 한 마리 잡지 못하고 들어올 때도 있다. 뱃고동 소리와 함께 갈매기의 울음소리가 술렁이면 수십 호의 가게 터를 지키던 아낙들 얼굴에 희비가 엇갈린다. 옆집 생선은 잘 팔려나간다. 하지만 자기 집엔 손님들 눈길조차 와 닿지 않으면, 염분기 넘치는 수조 속 물고기들은 번갯불 같은 눈치에 시달려야 한다. 다닥다닥 붙어 있는 어시장 안 가게에서 속절없이 파장을 일으키며 날카롭게 곤두선 판매경쟁은 하루의 결실로 남았다. 남의 떡이 커 보이는 욕심은 어디에 살던 무슨 일을 하던 똑 같을 수 있다. 그러나 어시장 사람들은 서로의 애환을 알고 있는 탓인지 서로 돕고 산다. 그물일도 나누며, 생선 파는 일도 나누며, 출항 준비도 나누며, 변심한 날씨로 인해 헛헛해진 가정사조차 나누며 위로 받고 산다. 이웃사촌이란 말을 당연시 하듯 그들의 하루하루는 서로 안부를 주고받으며 시작해서 공동 마무리로 끝을 맺는다. 일상은 아름답지 못하다 할지

언정 살아가는 방법은 순수한 사람들의 모습 그대로다. 그런 순박함이 있어 계절이 바뀌어도 변하지 않는 자연의 태도에 묵묵부답 제 자리만 지키며 산다.

  우리들 육안으로 보이는 범위내의 바다 풍경은 언제나 평화롭고, 낭만과 설레임으로 파도치는 듯하다. 하지만 그곳을 생활의 전부로 알고 살아가는 이들에게 바다는 오만하고 간교한 일터이며, 순종만 하는 어리석은 여인의 품속 같기도 하다. 매일을 살아가는 이들이 오래도록 가꾸고 일구어온 항구마을. 그 마을에 함께 하는 맑은 관계의 사람들이 없었다면 오늘은 얼마나 팍팍할까 싶다.

  투박한 웃음소리가 바다로 에둘러진 대명항에 파도처럼 밀려오는 그믐밤은 그래서 한가롭다.

대명항 탱고

 각설이 타령이 분명했다.
 구성진 노랫말이 흥을 돋운다. 확성기를 통해 들려오는 리듬에 따라 한바탕 놀이가 벌어질 태세다. 장돌뱅이 엿장수의 입담은 언제나 신명을 부추긴다. 한 곡조가 채 끝나기도 전에 걸쭉하게 벌어진 판은 사람들의 시선을 불러 모았다. 엿장수의 가위소리와 북소리가 대명항에 메아리 돌 때마다 벌어지는 춤판은 항구를 들썩이게 했다. 흰색 광목 바지와 저고리는 구멍이 뚫린 여기저기를 천을 덧대어 박음질했다. 의상에 어울리지 않게 두 명의 엿장수는 엉덩이를 살랑살랑 흔들며, 발장단을 울리며 탱고를 춘다. 그럴 때마다 저고리 끈과 터진 실밥이 나풀거리며 웃음을 자아냈다.
 언제부터인가 주말이 되면 대명항에서 각양각색의 판이

벌어지기 시작했다. 어시장 입구에 엿장수의 각설이 타령이 울려 퍼지면 관광을 온 사람들은 슬금슬금 구경꾼이 되어 모여들었다. 고개를 흔들며, 박수를 치며, 어깨를 덩실거리는 사람들 표정이 밝고, 맑게 흔들린다. 엿장수의 신명이 절정에 오르면 마이크는 구경꾼들 차지가 된다. 횟감을 안주로 거나하게 취기가 오른 구경꾼들은 앞 다투어 만 원짜리 지폐를 엿장수에게 찔러 주며 노래판과 어울려 장단을 맞춘다. 한 두 가지 선곡할 수 있는 노래 값을 받았으니 엿장수의 엿 값 보다 마이크를 빌려 주는 대가가 훨씬 짭짤할 듯싶다.

 어시장이 있고, 횟집들이 즐비한 대명항에 자연산을 찾는 관광객이 많이 모여들수록 여러 모양새의 판은 저마다 색깔과 리듬을 만들며 어지럽게 돌아간다. 어시장은 어시장대로 잡아온 물고기들 판으로 소란스럽다. 횟집은 횟집대로 손님들 입맛을 사로잡으려 여념이 없다. 대명항에서의 판은 때론 4분의 2박자로, 때론 8분의 2박자 선율로 빠르게, 열정적으로 펼쳐지고 있다. 마치 엿장수가 한복을 입고 탱고를 추는 우스꽝스런 광경이 변해버린 항구의 모습을 대변하는 듯하다.

 변화는 조용하던 작은 포구 마을을 가만히 내버려 두지 않았다. 매립한 갯벌은 주차장이 되었다. 작은 어시장은 세 배로 확장 되었고, 어시장 옆에는 젓갈 시장이 들어섰다.

단층이던 횟집들은 뒤질세라 3층 건물로 재건축을 시도했다. 가정집이던 마을의 작은 집들은 모두 횟집으로 개조되어 영업을 하고 있다. 항구 한 쪽에는 포장마차가 일개 소대를 이루며 손님들의 호기심을 자극 한다. 튀김, 붕어빵, 호떡, 과일, 야채, 등 색색의 현수막과 포장은 울긋불긋 서민들의 생계유지를 위한 어설픈 좌판을 연출하고 있다.

급변하는 현대를 살아가는 우리 주변에는 산업화와 경제개발 덕분에 파괴되고 잊혀 진 일들이 너무 많다. 자고 일어나면 늘 다니던 도로가 바뀌어 버리는 일은 다반사다. 근래에 들어 대명항도 시대의 흐름에 편승해 개발이란 깃발을 흔들며 신바람이 났다. 자연의 보고인 갯벌이 매립되자 백중사리 때면 찰랑찰랑 발목까지 차던 밀물이 사라져 버렸다. 옛 모습은 사진으로 밖에 볼 수 없고, 그 자리에는 현대식으로 지어진 대리석 화단과 공원이 들어섰다. 작고 초라하던 어시장은 잡아 온 물고기들을 자동차로 상하차 할 수 있도록 폭이 넓어졌다. 최첨단 시설을 갖춘 수족관 또한 깔끔하게 정비되어 관광객의 눈길을 즐겁게 한다. 아스팔트로 포장된 어시장 주변의 반듯한 주차선은 마치 전쟁을 앞둔 사병들이 정열 해 있는 모습과 흡사하다. 여차하면 직사각형을 이룬 면과 선들이 앞으로 돌진 할 듯 일정한 규격을 갖춘 채, 버티고 있는 분위기 또한 새로운 판의 단초가 되었다.

개발이란 이름 아래 인공으로 꾸며진 환경에 적응하며 살고 있는 매 순간, 새삼 갯벌에 흐드러지게 피어나던 바다 풀과 해초가 그리워진다. 해초들이 많으면 그만큼 살아있는 갯벌이라며, 자연 그대로의 생태계를 지닌 우리 마을을 자랑하던 일이 엊그제 같다. 하지만, 이제는 손님을 많이 유치하기 위해 도로를 재정비해야 한다며 동의서 작성에 분주한 마을 이장에게 길들여져 가고 있지 않은가. 누가 행정 당국을 탓할 수 있으며, 변해진 판을 아쉬워해야 할지 갈피를 잡기 힘들어 졌다.

격렬한 탱고의 리듬이 다시 귓속에 와 박힌다. 두 남녀의 몸부림이 각설이 타령에 뒤섞여 그 옛날 아르헨티나 작은 항구에 정착하던 가난한 이민자들의 설움으로 어른거린다. 부에노스아이레스 근처의 작은 항구 보까에서 유래된 탱고는 격정적인 리듬만큼 항구가 지닌 슬픔을 간직한 춤이다. 낯선 도시의 선착장에 머물러야 하는 외항선원들의 외로움과 그들의 돈을 탐내던 여자들의 유혹이 빚어낸 관능적인 춤사위. 가난을 벗어나고자 이민을 택한 이주자들이 향수를 달래기 위해 느리고, 빠르게, 혹은 관조적으로, 때로는 격정적으로, 탱고의 리듬에 몸을 맡겼을 게다. 노래와 춤판은 잠시의 휴식과 순간의 안식을 그들에게 안겨 주었을 게다. 기타와 반도네온이란 악기와 어울리는 탱고는 대명항 엿장수의 꽹가리와 북으로도 충분히 열정을 담아 낼 수 있는 판이 되었다. 대명항에 울려 퍼지는 각설이 타령의 전주와 함께 이어지는 탱고는 뭇 사람들의 웃음을 자아내는 만큼 처절하고 격렬하다. 그들은 깔끔한 춤복과 몸맵시가 드러나는 드레스를 입지 않았어도 율동과 박자만으로 충분히 서글프고 쓸쓸해 보인다. 하지만 모여든 사람들은 우스꽝스런 의상과 몸짓과 상상도 못했던 춤사위에 허전함을 느끼기보다 박장대소를 날리며 흥겨워 한다.

엿장수들은 어떤 의미로 탱고를 추고 있을까. 많고 많은 춤곡 중 탱고를 풍자한 이유는 아마도 그 유래가 슬픔과 아픔을 잊기 위한 서민들의 평범한 놀이 문화였기 때문은 아닐까. 아니면, 그들 나름대로 급변하는 세상에 적응하려는 자유의 몸짓 일지도 모른다. 어릿광대를 닮은 엿장수 얼굴이 땀으로 범벅 되는 순간, 얼룩진 화장 사이로 뱃고동이 스며든다.

바다에서는 또 다른 한 판 변화가 우리를 유혹할 기세다.

대명항 풍경 · 2
- 함께 살아가는 이웃

타향살이.
 자신이 살던 곳을 떠나와 낯선 고장에서 정을 붙이며 산다는 게 그리 쉬운 일은 아니라 본다. 더구나 문화 환경과 생활 습관이 전혀 다른 타국에서의 삶은 힘들고 고달플 수밖에 도리가 없지 않은가.
 김포시 양촌면 양곡리 사거리. 언제쯤부터인가 서서히 커다란 변화가, 태풍 매미가 쓸고 간 남쪽 항구 도시를 버금가게 만들어 놓고 있었다. 그것은 분명 새로운 분위기의 변환이었다. 내가 시집 올 즈음만 해도 조용하고 한적하기만 하던 시골 마을이었다. 장날이 되어야 사람들이 모여들던 버스 정류장 주변이 이제는 다국적인이 모여 웅성거리게 되었으니 이태원의 한 모퉁이가 이정도 일까 싶다.

밭둑길 돌아 한 마을만 들어서다 보면 조립식 건물로 지은 작은 공장들이 쉽게 눈에 띈다. 요즈막, 명예퇴직 또는 정년퇴직한 노부부들이 선호 하고 있는 전원주택들을 우리 동네에서는 찾아보기 힘들다. 동네 구석구석에 일찌감치 자리 잡고 있는 공장들의 모양새가 미관을 흐려 놓기 때문이다. 그런 입지 조건이다 보니 시골 동네라 하면 띄엄띄엄 농가 주택이 있고, 해만 지면 사방이 숨도 안 쉬는 듯 바람 소리만 윙윙 거려야 하는데 가로등도 없는 길마다 외국인 근로자들이 넘쳐나고 있다.

조용하기만 하던 시골 동네가 낯선 이방인들로 생경스럽게 변모했다. 어린 자녀를 둔 부모들은 괜스레 생긴 선입견으로 아이들 길 단속에 식은땀을 흘렸다. 혹 신문이나 방송에서 외국인 근로자들의 불량한 사고 소식이라도 들은 날이면 할아버지, 할머니들의 한숨 소리는 서해 바다에 지는 노을을 타고 떠돌았다. 언어가 다르니 타국어에 익숙치 않은 우리네들이야 그네들의 대화가 시끄럽다며 눈살을 찌푸리기 일쑤다. 중국과 러시아와 조선족 동포들과 피부색이 검은 방글라데시 인들까지 외모에서 풍기는 빛깔이며, 생김새가 우리와는 다른 이질감을 보이지만 사람 사는 모습은 다 똑 같지 않을까 싶다.

한국에서 돈을 벌어 볼 욕심으로 '코리안 드림'을 꿈꾸는 그들의 삶이 현실에 대한 적극성이고 보면 애처로운 마음이 더 크다. 내국인의 3D 업종 기피 현상이 어제 오늘의 일이 아니다 보니 근방의 음식점들조차 조선족 아니면 러시아에 이주해 살고 있는 한인 4세들을 고용 할 수밖에 별 도리가 없는 듯싶다. 그나마도 러시아는 우리와 통상 외교가 자유롭다 보니 3개월 기한의 관광 비자로 불법 취업노 가능 하다고 한다. 중국 조선족 보단 훨씬 처지가 낫다 할 수 있다. 대부분의 음식점에서 낯설지 않게 마주 칠 수 있는 여 종업원들의 대다수가 중국에 살고 있는 교포들이고 보면 정부나 고용주나 문제점에 대책 마련을 놓고 설왕설래만 할 일이 아니라 본다.

그네들에게는 생계 수단이요, 귀향하여 가족과 오순도순 살 수 있는 희망 아니겠는가. 그러나 간혹 그들을 대하면서 섬뜩한 거리감이 옥죄어 올 때가 있다.

같은 조상, 같은 민족이란 뿌리를 가지고 있지만 우리나라에 취업을 나와 있는 대부분의 교포들이 이주해간지 3대쯤 되는 자손이거나 4대쯤 되는 이들이다. 태어나서 살아온 환경이 다른 탓에 생활 정서가 중국 본토인들과 흡사 하다는 데에 이유가 있는 듯싶다. 사고방식이나 습관이 우리네 하고는 이미 다르니 그 원인이 어디에 있건 '외국인'임에는 틀림 없는 사실이 되어 버렸다.

얼마 전. 월드컵 열풍 당시 '코리아'의 붉은 악마 열풍에 온 나라가 들썩 거렸음에도 그들은 중국만 응원 하고 있었으니 이방인의 낯설음을 묵과할 수만은 없었다.

그러나 중국 교포들은 여러 가지 악조건이라 해도 부모들의 고향땅에서, 돈을 벌어 금의환향 하겠다는 일념 하나로만 생활 하고 있으니 새로운 사회 현상인 불법 체류가 생겨난 것 아니겠는가. 급변하는 세계 속에서 우린 외국인 노동자와 공존하는 산업 사회를 살아가고 있다.

이즈음 우리 동네뿐만 아니라 나라 안팎이 외국인 노동자들의 고용 허가제 문제로 몸살을 앓고 있다. 불법 체류로 등록 되어 있는 외국인 숫자만도 삼십 여만 명에 이른다 하니 미등록 상태로 숨어 지내는 외국인까지 합하면 그 숫자는 헤아리기 힘들 정도다.

처우 문제에서 인권 문제까지 음으로 양으로 생겨나는 비인도적, 처사를 들을 때마다 당혹스럽기도 하지만 현 사회 구조의 모순 또한 난제일 수밖에 없다.

영세 업체일수록 외국인 노동자를 더 많이 고용하고 있는 현실이다 보니 침체된 경제 속에 고용주들의 불안감 또한 간과 할 수 없는 듯하다.

'코리안 드림'을 꿈꾸며 육체적으로나 마음 적으로 겪는 고생도 버거울 텐데 불법 체류라는 이중고는 더 서글퍼지는 삶 아닐까. 불현듯 6~70년대 독일이나 극동의 열대 사막 지역으로 돈을 벌러 떠났던 우리 부모님 세대들의 애환이 새록새록 되짚어 졌다. 독일로 떠났던 젊은 간호사들과 사막에서 모래 바람과 싸운 이들의 외화 벌이가 있었기에 경제 발전이 뒤따랐다. '고생 끝에 낙이 온다'는 속담이 절실하게 들어 맞는 시점이다. 양촌면 양곡리 사거리에 우후죽순처럼 생겨난 외국인용품과 식료품을 파는 슈퍼나 음식점들을 보면 발 빠른 상혼에 깜짝 놀랄 수밖에 없다. 하지만 그것도 21세기를 살아가는 우리들의 변화가 아닐까 싶다.

오늘도 그네들은 고향에 두고 온 가족들을 그리며 눈물 흘린다. 불법 체류의 집중 단속에 쫓겨 공중전화 카드와 몇 봉지의 라면을 챙겨 들고 몸을 피하는 고통을 감수 하면서도 거리를 활보할 때는 자국어로 큰 소리 내어 이야기 할 수 있는 모습이 오히려 당당해 보인다.

만약 그네들이 없다면 우리가 힘들다고 기피 하는 일들은 어찌 될까. 부질없는 우문 인 줄 알지만 경제의 악순환에 일익을 담당하는 그네들에게 아낌없는 찬사를 보내고 싶다.

우리 동네의 변화하는 모습이 사회의 한 단면 이 듯, 그들의 삶 또한 기대고 누려야 할 소중한 본질 아니겠는가. 거리에 외국인 용품을 파는 슈퍼가 많이 늘어나고, 알아 볼 수 없는 간판이 서너 개씩 생겨난다 해도 우리는 좀 더 따뜻한 시선으로 바라봐야 하지 않을까.

이미 그네들은 타향살이의 설움을 몸 안으로 삭이며, 우리와 함께 살아가는 이웃이 되어 있지 않은가.

대명항 풍경 · 3
- 빙하시대

"둥둥"

 유빙이 떠다닌다. 천천히 밀려다니다 흐른다. 영종도에서부터 사리 물때를 따라온 얼음덩어리들이 대명항을 가득 채웠다. 그녀의 얼굴 표정도 얼음덩어리와 함께 일렁인다. 벽시계의 초침처럼 일정한 보폭으로 걸음을 옮기던 그녀가 한숨을 뱉어낸다. 얼음에 반사된 햇살을 받아 눈꺼풀이 파르르 흔들린다. 얼음 덩어리들은 물의 흐름에 따라 이리저리 몸을 맡기고 있다. 서서히 파고드는 찬 공기가 옷깃을 여미게 한다.

 30년 만에 찾아온 겨울 한파는 바닷물뿐만 아니라 그녀의 마음까지 얼게 했다. 21세기를 살아가는 도심에서 수도가 동파 되자 아파트 주민들의 소동이 왁자하게 신문 사회

면을 장식했다. 강원도 산골짜기에서는 계곡물이 얼어붙어 식수가 부족하다며 일용할 물을 구하기 위해 아낙들이 물동이를 이고 날랐다. 인공위성이 날아다니고, 복제 양이 나오는 시대에 텔레비전 뉴스는 새로운 별천지의 이야기를 들려주었다. 하지만 강추위로 인해 식수를 구할 수 없는 동네가 존재 한다는 사실보다 그녀의 상황은 더 기가 막힐지 모를 일이다.

갑자기 그녀는 왜 유빙이 보고 싶었을까. 간간히 느릿느릿한 발걸음이 끈적끈적한 바다 냄새를 짓밟듯 멈추어 서서 얼어붙은 땅을 헤집는다. 바람은 소금 냄새와 해초 냄새까지 쓸어갔는지 주변 분위기는 더욱 오소소 소름이 돋게 한다. 항구를 경계로 주차장 입구에 세워진 가로등은 어둠을 가로막고 서 있는데 익숙했다. 낮 동안 세상을 밝히던 해가 서산 너머로 꼬리를 감추고 있을 즈음 그녀의 한숨 소리가 또 다시 무겁게 내려앉았다. 겨울 해는 빛을 쪼이기보다 주위를 밝혀 주는 의미로만 시간을 흘려보내는 듯싶다. 그녀의 움직일 줄 모르는 왼쪽 팔이 가볍게 경련을 일으켰다.

"고향에 돌아가고 싶어요."

가늘게 떨려 나오던 목소리가 내 가슴에 와 '턱' 걸리며 흩어졌다. 중국 단동. 인천에서 배를 타고 한나절만 가면 도착 할 수 있는 곳이다. 인천공항에서 비행기로 두어 시간만 가면 된다. 누가 옷소매를 붙잡으며 말리지도 않는데 왜 이런 말을 하는지 당혹스러웠다. 천천히 새어 나오는 한마디, 한마디 마다 어눌함이 배어 있음에도 눈빛은 절실한 소망을 담고 있다.

십 수 년 전. 처음 만났을 때부터 '조선족 아줌마'가 그녀의 이름 대신 따라 다녔다. 한국말을 할 줄 모르던 그녀는 단동에서 태어난 조선족 3세였다. 할아버지의 고향땅인 한국은 그녀에게 행복을 안겨 주는 실낙원이었을 게다. 주변의 많은 이웃들이 몇 년 만 한국에서 고생 하면 돈을 벌어 땅도 사고 집도 사는 일이 부러워 집 떠날 결심을 했다. 외로움도 견뎌야 하는 이방인으로 살아가야 하는 그녀였다.

문화 정서가 다르고, 낯설고, 말 설은 우리 집에서 일 하는 틈틈이 그녀에게 한글과 한국말을 가르쳐 주었다. 한민족이라 그런지 그녀는 하루가 다르게 빠른 속도로 말을 배웠다. 오랜 세월 동안 그녀는 대명항에서 열심히 계절마다 바뀌는 생선의 머리를 자르고, 질긴 껍질을 벗기고, 회포를 뜨고, 매운탕을 끓이고, 설거지를 했다. 매달 두 번의 휴가조차 밥만 축 낼 수 없다며 다른 곳으로 일당을 다니는 억척을 부렸다. 두어 해 동안 모은 돈으로 단동에 땅을 샀다. 그 다음, 다음 해에는 집도 샀다. 단동에 있는 남편은 그녀가 보내 주는 돈으로 재산이 늘어날수록 유흥만 즐겼다. 장가가는 아들 혼수 비용도 그녀 몫이었다. 대학을 간 딸아이 학비도 그녀 몫이었다. 그러다 보니 고향에 갈려고 날짜를 잡았다 미루기를 반복 했다. 식은땀을 흘려도, 감기에 걸려도, 손가락을 칼에 베어도 '괜찮다' 한 마디로 씩 웃으면 그만이었다. 유별나게 흰 피부에 약간 튀어나온 광대뼈는 우직한 마음을 그대로 드러냈다. 그녀가 즐기는 일이 있다면, 휴일에 양곡 장터에서 개고기 한 사발 사 먹는 일이 고작이었다. 한국에 왔으면 일만 하지 말고, 쉬는 날 관광도 다니고, 예쁜 옷도 사 입으라는 주변 사람들의 충고에 언제나 펄쩍 뛰었다.

"내 나라에 가족 두고 돈 벌러 나왔는데, 그 무슨 소리!"

몇 년씩 남편과 떨어져 젊은 청춘 다 보내면 억울할 테니 연애라도 하라는 너스레에 버럭 소릴 높였다.

"남편이 두 눈 시퍼렇게 뜨고 살아 있는데, 그 무슨 소리!"

그런 그녀가 뇌출혈로 쓰러지던 날. 중국 단동에서 놀기만 한다던 그녀의 남편은 전화선 너머에서 병원비 걱정부터 했다. 한국 행 비자 받기가 어려워 금방 나올 수 없다고 말한다. 단걸음에 달려온 그녀의 여동생은 형부는 젊은 여자와 새살림 차려 잘 살고 있는데 언니만 바보처럼 지질이 궁상을 떨다 병이 났다고 울음을 터뜨렸다. 언니가 불쌍하다며 훌쩍이는 여동생 소리를 그녀는 듣고 있을까. 중환자실 침상에 누워 있는 그녀 몸속으로 서너 개의 링거를 통해 수액이 흘러 들어가고 있다. 코에는 두 줄기 호스를 꽂고, 숨을 쉬고 있는 그녀의 정신은 어디에 머물러 있을까. 꼬집어도 아픈 감각을 느끼지 못하는 그녀의 왼쪽 발등이 희멀 겋게 부풀어 둥근 찐빵처럼 보였다. 악어가죽을 닮은 손가락 끝에 닳고 찌그러져 밥알만한 손톱들이 윤기 없이 청승맞게 널브러져 있다. 저 흔적들이 십 수 년을 횟집 주방에서 견뎌온 계급장이겠지. 나는 더 보고 있을 염치가 없어 돌아서 나왔다.

급하게 서두른 수술 탓에 겨우 목숨을 건진 그녀는 남편의 손에 이끌려 두어 달 만에 요양원으로 옮겨졌다. 그녀의 남편은 3개월 밖에 한국에 머물 수 없다는 비자를 핑계 삼았다. 아직 완쾌되지 않은 몸으로 비행기나 배를 탈 수 없으니 그 또한 고향에 돌아 갈 수 없는 이유가 되었다. 보호자가 간병을 해 줄 상황이 아니니 요양원에서 물리치료와 함께 병 수발을 받으라는 남편의 단호한 결단도 한 몫 했다. 병에 찌든 지친 몸으로 그녀는 또 혼자가 되었다.

젊은 시절 건강한 몸으로 한국 땅을 밟았을 땐, 부푼 꿈으로 설레었을 그녀다. 뜻하지 않은 이산가족이 되어 고향을 그리워만 하는 그녀의 진정한 꿈은 무엇일까. 또 부부의 행복은 어떻게 만들어 가야만 하는 걸까. 부부란 나이를 더하면서 가려운 등을 긁어 주며, 정을 쌓고, 사랑을 나누는 무촌의 관계 아니던가. 병든 아내를 외국 땅에 홀로 남겨 놓고 총총히 떠나간 그녀의 남편에게 사랑이란, 유빙 덩어리 마냥 차갑고 덧없는 단어에 불과하려나.

소금꽃

 단풍이 물드는 시기에 때 아닌 폭우가 쏟아졌다.
 가뭄 끝에 내리는 단비라고 좋아할 사이도 없이, TV 뉴스에서는 속보를 내 보냈다. 늦더위로 인해 대기에 있던 열기가 찬 공기와 충돌을 일으켜 폭우와 강풍으로 변했다. 요즈막 들어 '이상기온'이란 말이 습관처럼 튀어나온다. 갑자기 지난여름 강원도를 쑥대밭으로 만들었던 수마가 생각나 가슴이 철렁 내려앉았다. 달콤한 배를 한 입 '아삭' 깨물며 TV 화면만을 응시하던 내 속마음은 동해 방향이 아닌 서해 쪽에 살고 있음을 다행스러워 했다. 그동안 천재지변에 노출되지 않은 우리 동네는 분명 복 받은 땅이다 싶었다. 하지만, 동해안을 강타한 철 늦은 폭우와 강풍은 불안한 마음을 감추지 못하게 했다.

서해 바다로 갈 수 있는 길목인 우리 동네에는 염하강이 흐르고 있다. 한강과 임진강이 합류하여 강화 해협을 만들고 있는 염하강은 강인 듯도 싶고, 바다인 듯도 싶다. 갯벌이 있고, 해초가 자라고, 갈대가 숲을 이루고, 갈매기가 날아다니며, 밀물과 썰물이 조화를 부리는 염하강은 바다라 해야 옳았다. 민물과 바닷물이 교차되던 염하강가에는 근처에서 밀려온 돌게들과 숭어들의 입질로 수초보다 갯벌이 더 넓게 자리를 틀고 있다. 곶串이 많고 포구가 많은 김포는 서해바다로 갈 수 있는 진입로인 셈이다. 대명포구엔 동해와 달리 수평선도, 파도소리도, 철썩 물보라 이는 방파제도 없다. 낡고 초라한 고기잡이배들이 뿌려 놓는 비릿한 냄새가 항상 차고 넘칠 뿐이다.

 알록달록한 그물들을 깁느라 분주한 아낙네들의 손놀림조차 한가롭게 보이던 마을이다. 봄이면 밴댕이, 주꾸미, 꽃게가 미식가들의 입맛을 돋운다. 가을이면 은빛 비늘 반짝이던 전어 굽는 냄새가 온 동네를 술렁이게 했다. 톡톡 튀는 소금 판에서 새까만 눈동자를 굴리며 빨갛게 익어 가는 왕새우가 가을을 알린다. 통발을 쌓아 놓은 창고 한 귀퉁이에서 집 없는 고양이들이 제짝을 찾느라 사브작, 사브작 곁눈질을 하는 곳. 어슬렁어슬렁 강아지들이 갈매기들과 터잡이를 하느라 신경전을 일삼는 곳. 해마다 색다른 일이 없던 작은 어촌 마을에 어느 날, 개발이란 바람이 불어

닥쳤다. 항구와 선착장 조성 사업은 초지대교의 가로등 불빛만큼이나 낯설게 했다.

　강화도를 마주보고 있는 대명포구엔 수 십 년 동안 변화라고는 없었다. 갯벌을 따라 길게 늘어선 철조망도 그대로고, 먹이를 찾는 갈매기들의 날랜 몸동작도 그대로였다. 또 염하강을 거슬러 올라가 조강祖江 너머 북녘 땅도 그 자리에 항상 그대로 였다. 햇살이 따갑게 뒤 꼭지를 달구는 날이면, 공동 우물 속에는 푸른 하늘 그림자가 하나 가득 내려앉았다. 그럴 때면 어머니는 사리 물때마다 짠물이 늘어나 우물물이 마르는 것이라며 한탄을 하곤 했다. 바다가 지척인데 논농사가 무슨 소용이냐며 아침밥만 드시면 언제나 아귀 닮은 소쿠리 끼고 갯벌로 조개잡이를 나가시던 어머니. 넙적 다리까지 닿는 긴 장화를 신고 질척거리는 뻘에서 어머니는 남들보다 훨씬 많은 조개를 잡아야 했다. 어머니가 집으로 돌아오실 때는 언제나 노을이 갈대 잎을 훑으며 길게 꼬리를 내릴 무렵이었다. 자식들 등록금 걱정에, 남편 약값에, 생활비까지 책임져야 했던 어머니는 단 하루도 갯벌을 떠나보질 못했다. 늘, 당신은 갯벌밖에 믿지 않는다며 한숨을 뱉어 냈다. 그럴 때마다 검게 그을린 어머니 얼굴에는 찌든 땀으로 인해 하얀 소금꽃이 피었다 사라지곤 했다.

　세월이 흘러갈수록 염하강에는 점점 바닷물이 불어났고, 흐드러지게 피어난 나문재와 칠면초는 살아 숨 쉬는 갯벌의 자랑이었다. 어기적거리며 뒤뚱거리던 방게들도 거품꽃을 피워대며 여기저기 집을 지었다. 강물이 바다로 변한 포구에 몇 대를 걸쳐 살아온 시댁 식구들이다. 어머니에 어머니, 그 어머니에 어머니도 논농사보다 갯벌이 더 소중한 삶의 터전이었다. 집에서보단 뻘에서 수많은 시간을 보냈던 할머니께 습신 한 켤레 신겨 드리던 날. 어머니는 처음으로 바다를 원망하며 소리 높여 울음을 터뜨렸다. 마을의 빈자리로 어머니의 넋두리와 울음소리가 메아리 돌 때, 바다에선 뱃사람들이 주낙 대신 통발을 걷어 올리고 있었다.

자연의 조화란 평범한 우리들의 능력으론 알 수 없는 일이다. 천재지변의 후유증은 언제나 인재를 몰고 왔다. 동해에 아무리 폭우와 폭설이 내려도, 사리 물때에 홍수 한 번, 물난리 한 번 겪지 않았던 대명포구였다. 갯벌을 매립하는 굴삭기의 소음은 날마다 내 가슴을 휘저어 놓았다. 재개발, 신도시, 관광단지 조성, 이러한 프랭카드가 휘날리면서 지방자치제의 행정은 어민들의 자립을 위해 포구를 항구로 승격 시킨다며 기세등등했다. 청계천도 복원 되어 시민들의 휴식처가 된 이즈막. 자연이 훼손되고, 생태계가 파괴되고, 주민들 삶의 터전마저 잃게 되는 정책은 또 다른 변화를 만들었다. 이웃나라 일본은 해일과 태풍에서 벗어나기 위해 바닷가 주변에 나무를 많이 심고, 일정한 경계를 둔 다음 건물 허가를 내 준다고 한다. 반면에 우리의 바닷가는 어떠한가. 개발 바람만 불었다하면 환경은 파괴되고, 해송이 즐비하던 해변가는 음식점과 오락시설이 빼곡하게 들어찬다.

  재개발로 인해 가난한 서민들만 집을 잃어버리는 줄 알았다. 그런데 서해 갯뻘에서는 방게들도 집을 잃고, 나문재와 해초들도 뿌리내릴 곳을 잃고 사라져 버린다. 이제 할머니께 습신을 신겨 드리고 바다를 원망하며 통곡하던 어머니의 얼굴에 피어나던 소금꽃은 어디서 볼 수 있을까. 오늘도 내 가슴엔 별 그림자조차 숨어버리던 시커먼 뻘이 이상기온처럼 자리하고 있다.

잃어버린 구두

 지난 연휴 동안 식당안은 북새통이 벌어졌다. 가족 단위로 외식을 나온 손님들은 적게는 예 일곱 명에서 많게는 이십 여 명 씩 몰려 들어오기 일쑤였다. 어른과 아이들이 뒤섞여 아수라장을 이루며, 아침부터 해질 무렵까지 그야말로 전쟁터를 무색하게 만든다. 썰물처럼 손님들이 빠져 나가고 너 댓 팀만 남아 있을 무렵, 갑자기 현관 쪽에서 아우성이 터져 나왔다. 평소 드문드문 오던 아주머니 목소리였다. 서슴없이 육두문자를 뱉어내며 자신의 구두가 없어졌으니 찾아 달라고 고함을 질러댔다. 아들이 미국에서 사온 몇 번 신지 않은 명품 구두라며 언성을 높였다. 식당 안은 식사하던 손님들까지 합세 되어 소란스러워졌다.
 손님이 많을 때면 종종 구두가 뒤바뀌는 상황이 벌어지

는 터라 CCTV를 달아도 소용없었다. 회사마다 기성화의 모양과 크기가 비슷비슷하니 술 한 잔 걸친 손님들이 바꾸어 신고 가는 경우가 비일비재다.

"잠깐만 기다려 주세요."

아주머니를 신정 시키기 위해 냉수 한 잔을 권한 후, 황급히 남아 있는 구두 몇 켤레를 손님들께 확인 해 봤다. 그 결과 아주머니 구두와 똑같이 생겼다는 검정색 간편화 한 켤레가 남아 버렸다. 하지만 그녀는 검정색 간편화를 쳐다보는 순간 "더럽고 낡은 싸구려 국산 구두"라며 발로 차 버렸다. 현관 밖으로 굴러 떨어진 구두는 마치 우리들의 일그러진 양심을 보여주는 듯 널브러졌다. 단골이라며 친하게 굴던 태도는 사라진 채, 주인이 신발 관리를 잘못했다고 비난을 퍼 부었다. 자신의 아들이 사준 구두는 미국제 '삭쓰'라는 회사 제품이니 15만원을 변상해 달라고 소리쳤다. 막무가내로 소란을 부리니 그저 죄송하고 미안하다며 원하는 만큼 변상해 줄 수밖에 도리가 없었다.

하지만 아주머니에게 사과를 하면서도 마음은 무척 언짢았다. 손님의 태도도 불쾌했지만, 외제 구두라는 점을 강조하는 아주머니의 오만함에 슬그머니 화도 치밀었다. 국산 구두는 싸구려라 싫고, 외제 구두는 비싸서 좋다는 식의 편협 된 사고에 문제가 있지 않나 싶었다. 15만원이란 돈이 아깝기보다 그렇게밖에 맺어질 수 없는 손님과 주인과의 관계가 안타가워 그 밤 내내 잠이 오지 않았다.

  손님들은 언제나 몇 년 째 단골임을 상기시키며 친한 척 너스레를 떤다. 그 저변에는 특정한 공간에서 맺은 인연으로 이어지는 만남이기에 이해관계가 없어서 좋기도 하다. 하지만 간혹 주인은 서비스와 친절만 제공해야 최고이고, 손님은 그것을 이용해 부당한 요구만 하려하는 모순 아닌 모순이 악순환 되기도 한다. 경제 난국 시대에 외국에서 달러를 낭비해 가며 사들여온 구두 한 켤레 때문에 국산 제품 모두가 매도당하는 씁쓸함이 떫은 감을 씹었을 때와 마찬가지다. 바꾸어 신고 간 손님도 굳이 고의는 아니었을 텐데, 잃어버린 구두에 대한 미련은 괜스레 신발장 안에 갇혀 있는 내 구두들을 생각나게 만들었다.

  이즈음 일상은 구두 신을 기회를 잃어버리게 만들고 있다. 신발장에는 검정색, 고동색, 자주색, 흰색, 민트색, 살색 등, 형형색색의 구두가 진열되어 있다. 하지만, 시어머니께서 운영하는 식당일을 도와 드리며 부터 구두를 신고 외출할 일이 사라져버렸다. 일상생활의 변화가 새삼 두렵기도 했지만, 환경은 적응하며 살게 마련이었다. 슬리퍼를 질질 끌며 생활한 지 수 년이 흘렀다. 대명리로 오기 전만 해도 슬리퍼를 신고는 동네 슈퍼까지 나가는 일이 전부였다. 이제는 은행이며 시장, 하물며 친구들 모임까지 신고 가는 전천후 외출화가 되어버렸다.

문득, 머릿속에서 사춘기 소녀 시절의 기억이 펄렁펄렁 날아다녔다. 아버지의 사업 실패로 경제 사정이 무척 어려웠던 여고 시절이었다. 하얀 칼라와 검정 스커트 교복에는 유난히 검은색 학생화 구두가 예뻐 보였다. 구두약으로 반짝반짝 광을 내 신고 다니는 친구들의 발등소차 아름나워 보여 내심 부러웠다. 그렇다고 힘들어 하는 부모님께 구두를 사달라며 조를 수도 없었다. 그저 끈을 묶는 파란 운동화가 찢어질까봐 등하교할 때만 아끼며 신고 다녔다. 발등 접히는 부분이 헤져서 양말이 드러날 때까지 신고 다녀야 했던 운동화는 말미잘이 먹이를 잡듯, 소녀 시절 내 자존심을 집어 삼켜 버렸다.

 그래서일까. 어른이 되어서도 구두를 사는데 돈을 아끼지 않았다. 다른 물건을 선택할 때면 망설이고, 생각하기를 반복하는데 구두 가게에서만은 용감하고 충동적인 고객이 된다. 한 계절에 아이들 신을 몇 켤레씩 사들이는 모양새 또한 소녀 시절 앙금이 가슴 밑바닥에 남아 있기 때문이리라. 하지만 이제 나이를 먹으며 다 부질없는 행동임을 깨달았다. 내 발에 꼭 맞는 편안한 구두 한 켤레만 있어도 세상을 살아가기에 충분하지 않겠는가.

 한바탕 손님을 치르고 조금 한가해 졌다. 슬리퍼가 새고 있고, 젖은 양말을 갈아 신어야겠다는 생각이 들 때 전화벨이 울렸다.

"누구세요?"

전화벨을 타고 울려오는 젊은 남자의 조심스런 말투에 긴장이 앞섰다. 그는 며칠 전 우리 식당에서 구두를 잃어버렸다고 소란을 피웠던 아주머니의 아들이라고 자신을 밝혔다. 자신의 어머니가 구두 값으로 받아온 15만원 중 12만원을 온라인으로 송금하겠다고 했다. 사실인즉, 그 구두는 자신이 미국 출장을 다녀오며 국내에서 산 3만 원 짜리 모조품이었다며 연거푸 미안하다고 했다. 모조품을 진짜로 알고 어머니께서 억지를 부렸으니 마음이 편치 않아 전화를 했다는 아들의 이야기는 언짢았던 마음마저 봄눈이 녹아내리듯 사라지게 만들었다.

요즘과 같은 양심 부재의 시대에 자신의 실수를 솔직하게 인정하는 젊은이가 있다니 자꾸 미소가 번졌다. 오늘은 해묵은 구두, 낡은 구두, 빛바랜 구두, 모두를 꺼내 버리기도 하고 손질도 해두며 내 마음 속 아집까지 닦아내야 할 듯싶다. 괜스레 사들였던 여러 종류의 구두들 중 내 발에 꼭 맞고 편안한 한 켤레쯤은 남겨 놓았다 슬리퍼를 안 신어도 좋은 날, 멋지게 신고 외출을 시도해야지.

찍새전傳

'깡순이'. 그녀의 남편이 죽다니!

대명항에서 그녀를 모르면 간첩이다. 일터에서 허겁지겁 남편 소식을 듣고 뛰어 나갔다는 말이 동네에 퍼지는 찰라. 하루 종일 둘 이상만 모이면 그녀의 이야기가 화젯거리였다. 상가 사람들은 바쁘다는 핑계로 문상을 못 가는 대신 입방아를 열심히 찧어 댔다.

그녀는 언제나 빨간 모자를 쓰고 다녔다. 햇볕에 그을린 새까만 얼굴은 늘 반들 거렸다. 그녀에게 '화장품'이란 어떠한 물건인지 관심조차 없어 보였다. 가만히 들여다보면 예쁘장한 얼굴이다. 동그스름한 콧등에 서글서글한 웃음기를 담고 있는 큰 눈은 보는 이로 하여금 언제나 호감을 불러 일으켰다. 흠이라면 150센티미터 정도 밖에 안 되는 작은 키와 움직일 때마다 왼쪽 어깨가 기우러지며 오리처럼 뒤뚱대는 걸음걸이다. 매일 커다란 보따리를 들고 출근하는 모습이 극성스러워 보인다며 사람들은 비양 대거나 키득거렸다. 아마도 어깨가 기우러진 탓은 항상 왼쪽 손에 들려진 커다란 보따리 때문 일지 모른다. 그 보따리는 그녀의 부지런함을 보여주는 상징물임과 동시에 십 수 년 동안 짊어지고 살아 온 가난의 흔적이다. 식당일 틈틈이 텃밭에서 가꾼 농작물을 대명항 주변 횟집에 내다 팔아야 했기에 날마다 들고 다니는 중요한 소지품이었다. 나일론 천에 알록달록한 무늬가 희끗희끗 낡은 표시를 하고 있는 보자기는 오랜 세월 그녀와 함께 했음을 알려 준다. 부수입을 올리는데 큰 공을 기여한 보따리의 무게를 아무도 알 수는 없다. 오직 그녀의 뒤뚱거리는 걸음걸이가 증명해 줄 뿐이다.

'깡순이'는 그녀의 별명이다. 그녀는 이십여 년 동안 대명항의 횟집에서 손님을 호객하는 찍새 일을 해 왔다. 손님을 호객하는 일이 법으로 금지되어 있지만, 즐비하게 늘어선 횟집 주인들은 저마다 매출을 올리기 위해 찍새를 고용했다. 손님들은 지나가는 길을 막으며 붙잡거나, 손짓하거나, 고래고래 소리 지르거나, 끈질기게 따라 다니는 찍새를 보며 눈살 찌푸리는 일이 다반사였다. 하지만, 어떤 손님들은 찍새들의 끈질긴 유혹에 이끌려 단골이 되기도 한다. 그녀는 눈독 들이고 찍은 손님을 이웃 횟집에 빼앗긴 적이

한 번도 없다는 기록도 보유한 실력자다. 깡순이는 별명에 어울리게 대명항에서 호객을 제일 잘 하는 선수 중의 선수였다.

극성맞고 억척스러운 그녀가 단속반에 걸렸을 때였다. 월급의 반에 해당하는 벌금 고지서를 받고 훈방으로 풀려났지만, 다음날 다시 출근을 했다.

"남편은 십여 년 째 병석에 누워 있지요, 아이들 등록금은 누가 마련해요!"

그랬다. 찍새들은 일터에서는 얼굴에 철판을 깐 듯 집요하게 손님들 틈새를 노리고 쫓아 다니지만, 가정에서는 가장 대신 생활을 책임져야 하는 다정하고 선한 어머니들이었다.

대명항에 있는 횟집에서 근무하고 있는 찍새들을 볼 때마다 극성스러움 뒤에 숨어 있는 아름다운 인간미를 느끼곤 한다. 찍새라고 하는 용어가 주는 선입견은 부정적인 의미가 더 강하다. 하지만 그 일도 맡은 바 책임을 다 하는 직업의 한 분야라고 볼 때, 종사자들은 그들만의 타당한 이유가 분명히 존재하고 있음을 간과 할 수 없지 않은가. 대명항에는 날개를 퍼드덕 거리며 힘차게 날아다니는 갈매기가 무수히 많이 살고 있다. 무리지어 살고 있는 갈매기 떼에서 어린 새끼를 보살피기 위해 먹이를 쟁취하려 애 쓰는 모습을 심심찮게 발견한다. 말을 할 줄 모르는 짐승이지만 갈매기들의 집단 서식은 그들만의 삶을 영위해 나가는 한 방편이다. 하물며 생각하고 인지할 수 있는 능력을 지닌 사람들은 그보다 더 애가 타지 않겠는가.

가족과 자식을 위해 자신을 희생해야 하는 모성이야말로 아름답지 않다고 누가 말 할 수 있을까. 갈매기들은 하늘을 날 수 있는 날짐승으로서의 특권을 누릴 수도 있다. 항구의 찍새들은 가족을 위해 남편 대신 가장 역할을 도맡아야 하는 어머니이기에 부끄러움도 수줍음도 생각할 겨를이 없다. 어머니인 그녀들은 날개가 없어도 찍새 노릇을 하며 생존경쟁에서 살아남기 위해 울음 대신 말로 손님들을 호객하지 않던가. 법이란 잣대가 아무리 그녀들을 옭아매도 본바탕에 흐르고 있는 자식을 사랑하고, 가족을 아끼는 인간적인 면면은 부정할 수 없다. 빈부격차를 따지기 이전에 결코 찍새란 직업을 숨기거나 창피해 할 필요가 없음은 당연지사다.

'깡순이'란 단어가 암시하듯, 겉으로 보는 그녀는 돈을 벌기 위해서라면 들에 널브러져 있는 쑥조차도 그냥 지나치는 법이 없다. 봄이면 출근 시간을 30분 앞당겨 나와 민들레며 쑥을 뜯어다 파는 일도 그녀의 일상이 되어 버렸다. 텃밭에서 상추를 심어 팔거나, 식당 주방에서 오물통으로 들어가는 음식물 찌꺼기들을 모아 개와 닭을 키우기도 했다. 그렇게 키운 개와 닭을 복날 장에 내다 파는 일 또한 그녀의 몫이었다. 자기가 키운 개와 닭을 어떻게 내다 팔 수 있냐고 반문 할 수도 있지만, 그런 상황은 그녀에게 있어 가정경제를 메워 나가는 일부분에 불과 했다. 그렇게 가르친 큰 아들은 공무원이 되어 어머니를 자랑스러워했다. 병석의 남편은 '고마워, 고마워'를 반복 하다 숨을 거두었다. 가족 간의 사랑은 서로 가진 것을 나누어 주고, 허물은 감싸주어야 한다는 부처님의 말씀이 하나도 그르지 않다. '장한 어머니 상'의 반열에 오른 깡순이를 위법자라고 누가 돌을 던질 수 있을까. 그녀의 뒤뚱거리는 뒷모습을 바라보며 사회의 규범과 도덕은 지키라고 만들어졌다고 설득력 있게 강조할 사람이 있을까.

오늘도 대명항에는 날개 없는 찍새들의 울음이 바다에 젖어 들고 있다.

"우린 떳떳하게 노력하며 사는 성실한 일꾼들이잖아요!"
"정말 그런가요?"

틈새 메우기

딸아이를 재촉했다.

오늘이 지나면 캐나다에 있는 몬트리올로 떠날 아이다. 방학을 맞아 다니러 온 아이를 보내기 전, 꼭 한번 다정하게 두 손을 잡고 '평화 누리길'을 걷고 싶었다. 서해바다에서 풍기는 비릿한 냄새를 맡으며 아이의 어릴 적 이야기를 들려주고 싶었다. 철조망 너머 강화도를 바라보며 손돌공묘에 얽힌 전설을 말해 주고 싶었다. 마른 이파리들을 손으로 훑으며, 갈매기와 꿩들의 푸드득 날아오르는 소리를 들려주고 싶었다.

대명항에서 출발해 덕포진을 끼고 두어 시간 정도 걷는 길을 우리는 '덕포진 둘레길'이라 부른다. 대명항에서 문수산까지 바닷가 철조망을 따라 대여섯 시간 정도 걷는 길은

'평화 누리길'이다. 대명항에 살면서 지금껏 김포시에서 지정한 걷기 코스인 '평화누리길'을 완주해 보질 못했다. 일주일에 두어 번 정도 '덕포진 둘레길'을 걷는 일이 고작이었다.

 귀찮아하는 아이를 졸라 간단한 채비를 하고 '평화 누리길' 입구로 들어섰다. 아이에게 무언가를 머릿속에 담아 주고, 일깨워 줘야겠다는 생각에 마음은 한껏 부풀어 있었다. 하지만 출발 지점부터 내 희망은 물거품처럼 사라져 버렸다. 못이기는 척, 어쩔 수 없이 따라 나선 딸아이는 두 귀에 이어폰을 꽂고, 두 손은 점퍼 호주머니에 푹 찔러 넣은 채, 잰걸음으로 내 앞을 걸어 나갔다. 같이 보폭을 맞추기는커녕 노래를 듣는지 엄마 존재 따위는 아랑곳 하지 않는다. 딸아이의 그림자도 바라보지 못한 채 묵묵히 뒤를 따르던 나는 슬그머니 화가 치밀어 올랐다. 요즘 들어 자꾸 갱년기 증상으로 사소한 일에도 노여움이 발동해 당황스러운 터였다. 내 계획과 상관없이 이어폰을 꽂고 고개까지 까딱거리며 걷는 아이의 뒷모습에서 엄마의 위치가 사라져 보여 서글퍼졌다. 급기야 아이는 호주머니에 넣었던 손을 빼더니 손가락으로 장단을 맞추기 시작한다. 엉덩이도 실룩샐룩 신이나 보였다. 딸아이의 뒤에서 갱년기 엄마는 참을 수 없는 분노를 폭발하고 말았다. 서너 발자국 앞에서 걷던 아이는 노래에 심취했는지 불러도 대답이 없다. 달리듯 쫓아가 어깨를 '탁' 치자 눈을 동그랗게 뜨며 입을 벌린다.
 "Why?, 왜요?"
 "평화 누리길 대신 덕포진 둘레길만 걷자!"
 아이는 영문을 모르겠다는 표정으로 심드렁하니 대답한다.
 "그래요. 엄마 부탁이니!"
 "부탁"이란 어휘가 주는 무게가 갑자기 온몸을 휘감는다. 스르르 다리에 힘이 풀리며 말문이 막혔다. 캐나다로 유학을 보낸 지 7년째. 순간, 순간 아이에게서 문화 차이를 발견할 때마다 한국 엄마 노릇을 하고 싶어 안달을 부렸다. 애초의 내 의도와 상관없이 자신의 방식대로 걷는 아이와 대여섯 시간이나 걸리는 평화 누리길의 행보는 의미가 없었다. 아이는 엄마의 속내를 눈치 채지 못한 채, 잘되었다는 표정이다. 엄마의 순수한 소망을 '부탁'이란 어휘로 넘겨버리는 딸아이가 못해 서운했다.
 혼자 이 길을 걸을 때면 시시각각 탈바꿈하는 계절의 변화에 긴장하곤 했다. 건강을 지키기보다 우리 마을의 참 모습을 기억하고 싶어 시작한 걷기였다. 그즈음, 아침 산보가 정신적 풍요로움을 안겨준다며 만나는 지인들에게 자랑도 일삼았다. 교육 박물관 쪽에서 신안리 방향으로 나오다 보면 도로 양옆에 즐비하게 왕벚꽃 나무가 늘어서 있다. 일렬로 늘어서 있는 모양새가 후미진 동네를 흠씬 운치 있게 만들어 준다. 어쩌면 왕벚꽃 나무로 인해 이 길이 걷기 코스로 선정 되었는지도 모를 일이다. 뒤틀린 심사를 누지르며 딸아이와 걷다 왕벚꽃 나무마다 세로로 길게 틈새가 생긴 모양을 보고 깜짝 놀랐다. 4월이면 흐드러지는 꽃향기와 함께 벚꽃 이파리들이 천상의 곡예를 보여 주듯 휘날렸는데, 몸통에 칼로 그은 듯 틈이 생겼다. 원인을 따지기 전에 가슴이 '헉' 하고 답답해 왔다. 몸속까지 갈라지는 통증으로 인해 얼마나 아프고 괴로웠을까. 잔가지 하나가 부러져도 힘들고 고통스러울 일인데 밑둥부터 가지 끝까지 틈이 벌어졌으니 매순간 참고 견뎌야 하는 아픔을 누가 달래 줄 수 있겠는가. 자신의 몸뚱이가 패이고 갈라져도 잔가지조차 꽃을 피우고 잎을 피워 사람들을 황홀경에 빠지게 만들지 않았던가. 제 몸 아끼지 않고 할 일을 해 온 왕벚꽃 나무의 몸통에서 나뭇가지가 흔들릴 적마다 틈새에서 비명이 들려오는 듯, 온몸에 소름이 돋았다.

앞서가는 아이를 또 불러 세웠다.

"왕벚꽃 나무가 너무 불쌍하지?"

"이 틈새는 시멘트로 빨리 메워줘야 해요."

왕벚꽃 나무는 틈새가 벌어지는 특성이 강하다고 논리적 사고를 펼쳐 놓는 아이다. 틈새로 나방들이 집을 짓고 알을 부화하면 왕벚꽃 나무는 고사 할 수도 있으니 빠른 조치를 취하도록 시청에 신고를 하자고 했다. 학교에서 배운 지식을 풀어 놓는 아이에게 엄마는 감성을 잃어버린 듯 넋을 놓았다. 엄마가 딸에게 원한 대답은 교과서에 나오는 지식이 아니었다. 왕벚꽃 나무가 간직하고 있는 아픔을 엄마와 함께 소통해 보길 바랬을 뿐이다.

그즈막 나는 '가족'이란 화두를 놓고 전전긍긍 몸살을 앓고 있었다. 열세 살짜리 딸을 캐나다로 유학 보낸 후, 참 모질다는 소리를 많이 들었다. 어린 여자아이를 혼자 머나먼 타국에 어떻게 떨어뜨려 놓고 지낼 수 있냐는 비난 반 염려 반 때문이다. 하지만 유학을 간절히 원했던 아이는 가족의 품을 벗어나 생각보다 잘 견디며 적응하고 있다. 부모의 강요가 아닌, 스스로 선택한 길이었기에 책임을 지려고 부단히 노력하는 모습은 왕벚꽃 나무와 닮았을지도 모른다. 혼자 열심히 자기 인생을 개척해 보겠다는데 부모라도 반대할 말이 없었다.

그 아이가 어느덧, 대학생이 되었고 어여쁜 숙녀로 성장했다. 덕포진 둘레길에서 만난 왕벚꽃 나무의 틈새가 우리 가족의 현재 모습 같아 더욱 가슴이 아려왔다. 네 식구가 함께 모여 식사를 하거나 여행을 하는 일은 이제 오래된 기억 속에 묻혔다. 가족이 서로 헤어져 겪어야 하는 별리의 아픔이 성숙이란 단어로 자리매김 되어 엄마를 위로할 수 있으려나. 언제쯤 아이와 함께 살 수 있을까. 그때까지 우리 가족은 가슴 한쪽에 자리한 그리움이란 틈을 메우고 싶어 하겠지.

2부

네팔에서 만난 여신
덤으로 만난 연인들
디아 띄우기
룸비니 동산에서 부처를 꿈꾸다
뭄바이는 아이러니에 빠지다
사라져 가는 빨래터
신神의 경계에서 사기꾼을 만나다
오래된 풍경
함피Hampi, 경계를 풀다
함피Hampi에서 전생을 만나다

네팔에서 만난 여신

 네나의 눈은 페와 호수를 닮았다.
 히말라야의 빙하는 네팔 사람들 가슴에 아름다운 호수를 품고 신을 섬기도록 배려해 주었다. 크리스탈을 쪼개 놓은 듯한 태양빛을 받아 반짝 거리던 수면위로 잔물결이 흔들리며 파장이 인다. 작은 보트는 바람을 따라 움직이다 옥빛 물을 가득 채운 페와호 중앙에서 정지한 채 시간을 기다린다. 순간, 네나의 커다란 두 눈이 흐트러진 긴 머리카락 사이로 번쩍 빛을 발한다. 스물을 갓 넘긴 네나는 초등학생 정도의 작은 키에 까무잡잡한 피부톤을 지닌 네팔 아가씨다. 운무에 가려진 마차푸차레의 설탑처럼 웃을 때마다 보이던 덧니는 귀여움과 순박함을 대변하고 있다. 대학을 졸업 한 후 영어 과외를 하며 돈을 모아 대학원 진학이 꿈인 네나는 손도 작고, 발도 작았으며, 체격도 왜소했다. 낮은 목소리로 차분하게 관광지를 설명할 때면 큰 눈 속에 또 다른 세상이 있는 듯 보였다.

젊은 남녀 한 쌍이 다정하게 손을 잡은 채, 호수를 바라보며 사진을 찍고 있다.

"남자 친구 있어요?"

살그머니 다가가 데이트를 즐기는 남녀 한 쌍을 손으로 가리키며 물었다.

"아니요, 전 남자 친구 싫어요!"

한창 나이인 20대 초반의 젊은 아가씨가 단호하게 손사래를 치며, 남자 친구가 없는 게 아니라 싫다고 소리치니 당황스럽고 민망해졌다. 내 표정을 살피던 네나의 긴 한숨이 페와호 깊숙이 곤두박질친다.

"전 엄마의 삶이 싫어서 결혼하고 싶지 않아요."

대학까지 졸업한 젊고 예쁜 아가씨가 결혼을 거부 하다니 놀랄 일이었다. 하지만 일부다처제가 허용 되고 있는 네팔 아니던가. 21세기 교육을 받고 자란 젊은이라면 그런 생각을 할 수도 있겠다 싶었다. 네나의 가족관계는 우리 사회에서는 이해할 수 없을 정도로 상당히 복잡했다. 네나 아버지의 부인은 두 명이다. 첫 번째 부인은 네나의 큰이모다. 네나의 외가는 지참금을 받고 네나 아빠에게 큰딸을 시집보냈다. 하지만 두어 해가 지나도 자식이 생기질 않자, 네나 아버지는 장인에게 투정을 부리며 따지게 되었다. 그러자 네나 외할아버지는 작은 딸을 사위의 둘째 부인으로 보냈다. 작은 딸은 시집와서 네나와 네나의 남동생을 낳았지만, 본처인 언니를 형님으로 모셔야 했다. 네나 엄마가 남동생을 낳자 본처인 네나 이모도 아들을 낳게 되었다. 그 후로 후처인 네나 엄마는 형님인 언니에게 구박을 받으며 살게 되었다. 네나 아버지 또한 네팔의 전통적 관습이 본처를 예우해야 하는 터라 잠자리는 첫 번째 부인 방에서, 식사는 두 번째 부인 방에서 하곤 했다. 결국 후처인 네나 엄마는 집안 허드렛일과 주방 일을 도맡아 해야 하는 셈이 되었다. 아이들이 어느 정도 자라자 본처인 언니는 후처인 친동생에게 돈벌이를 강요했다. 한 달 내내 가정집 파출부로 일을 하고 월급을 받는 날이면 집 밖에서 기다리고 있던 네나 아버지가 봉투 째 빼앗아 갔다.

관습과 풍습에 얽매어 자신에게 주어진 삶이 전부 인 줄 알고 살아가는 네나 엄마의 바람과 꿈은 무엇일까. 이모를 큰엄마라고 불러야 하는 네나는 아버지로부터 독립해 남은 인생을 살아가자고 엄마에게 권유 했지만 소용없다고 했다. 네나 엄마는 남편이 버젓이 있는데 집을 나와 독립하다니 있을 수 없다며 펄쩍 뛰었다. 더구나, 남편 사랑을 기대하기는커녕 가정부처럼 일만 하며 친언니인 형님의 눈치까지 살펴야하는 답답한 인생살이인데도 적응하며 순응하는 모습이 딱하고 애처로웠다. 한 나라에 태어나 동시대를 살아가면서 두 여인이 살아가는 방식이 서로 다르니 여성운동을 부르짖는 페미니스트들이 있다면 뭐라 말을 할지 의구심이 들었다.

네팔을 관광하는 동안 가이드를 선뜻 맡아준 네나와 카투만두에 있는 왕궁에 들렀을 때였다. 네나는 살아있는 여신인 쿠마리의 집 앞에서 결혼 대신 여성인권을 위해 일하고 싶다고 말했다. 가난을 이기고, 의식의 전환을 불러 오려면 교육 밖에 없다며 야무진 포부를 밝혔다. 그녀는 신들의 천국인 네팔에서 쿠마리가 겪어야 하는 어린 시절의 남다른 체험을 소아 학대라고 했다. 또한 자신도 한때 쿠마리를 부러워 한 적 있었다며 부끄러워했다. 네나는 카투만두의 중심지인 쿠마리 초크에 살고 있는 어린 처녀신에 대해 설명을 하다 흥분한 어조로 목소리를 높였다. 어린 여신이 사람들 앞에 얼굴을 드러내는 일은 1년에 서너 차례뿐이다. 폐쇄된 공간에서 여신은 빨간 옷을 입고, 머리를 단정하게 위로 묶고, 눈에는 굵은 아이라인을 칠하고, 이마에는 제3의 눈을 그린 채 살고 있다.

그동안 '신'은 우리들 눈에 보이지 않는 우상으로만 존재했다. 현실에서 순백의 천진한 어린이가 복을 내리고, 미래를 예언해 주며, 여신으로 숭배 받는 사실 자체가 네팔을 더욱 이해하기 힘든 나라로 만드는 듯싶다. 네나가 어린 시절에 부러워했던 쿠마리는 4세에서 8세 사이의 어린이 중에서 선발하며, 초경이 시작되면 신성을 잃게 되어 그 순간부터 자격을 상실하게 된다. 따라서 '살아 있는 신'의 재위 기간은 아무리 길어도 10년 미만에 불과하다. 두르가의 화신으로 숭배되고 있는 쿠마리는 명문가의 어린 소녀들 중, 지능이나 학력보다는 성스러움과 신성함의 여부로 선출 되었다. 왕정 시대에는 국왕도 쿠마리 앞에서 머리를 조아리고 무릎을 꿇었다. 하지만 성장 후엔 불행한 운명의 길을 걸어야 하는 경우가 많았으니 아이러니한 삶이라 아니할 수 없다.

네팔에서는 전직 쿠마리와 결혼한 남자는 일찍 죽는다는 속설로 인해 살아서 존재하는 여신이었던 여인들은 힘들고 고단한 여생을 보내야 한다. 살아 있는 여신으로 숭배 받을 때는 국왕도 함부로 하지 못할 권력을 지녔을지 모른다. 하지만, 신성을 잃는 순간 평범한 여인네의 삶보다 못한 나락으로 떨어져야 하는 비애가 가슴을 훑고 지나갔다. 여성 인권을 위해 살고 싶다는 네나의 결심만큼 네팔의 여인들은 자신의 처지를 제대로 인식하지 못한 채 살고 있는지도 모른다. 어쩌면 네나 엄마나 쿠마리로 살았던 여인들은 자신의 현 위치에서 어떠한 요구도 변화도 원치 않을 수 있다. 그들의 삶과 관습과 전통이 늘 그래왔던 것처럼 현재의 삶에 불만 없이 살고 있을지도 모른다.

오늘도 쿠마리는 청정한 존재이기 때문에 마늘이나 부추, 양파는 절대로 입에 댈 수 없으며, 다른 사람의 입에 닿은 음식도 먹을 수 없다. 또 신발을 신어서도 안 된다. 그러한 금기 사항이 마치 신을 찾는 인간의 나약한 모습으로 비춰져 서글펐다.

 '나'를 찾아 떠나게 된 네팔 여행에서 만난 첫 인연은 네나와 네나 엄마였다. 하지만 네나를 통해 만나게 된 쿠마리의 남은 인생은 젊은 그녀가 새롭게 지켜줘야 할 관심이 아닐까. 왕권이 사라진 네팔에서 살아있는 여신에게 찾아주어야 할 인권을 부르짖는 네나 또한 정신이 맑은 '신'으로 남을 수는 없을까. 페와호의 맑은 물속처럼 네나의 두 눈도 우울함을 떨쳐 버린 채, 네팔의 여신으로 살았으면 하는 바람이다.

덤으로 만난 연인들

　방향을 잃어버렸다. 인천공항에서 저녁 늦게 출발 한 탓일까. 많은 사람들로 북적거리는 도시에서 동서남북을 식별하지 못함은 낯설다는 의미다. 타국의 낯설음은 가물거리고 있는 불빛만큼이나 을씨년스럽게 몸을 휘감아 왔다.
　하노이는 두 번째 방문이다. 오년 전, 우리 가족은 베트남이란 나라 보다 하롱베이를 더 사랑 했었다. 베트남이 품고 있는 아픔과 여러 문화정서를 사랑하기에 앞서 관광 상품에 대한 광고에만 현혹되어 있었다. 하롱베이와 닌빈이란 지역에 호기심을 갖고 궁금한 마음에 무작정 단체 관광을 신청했었다. 하지만, 오늘 나는 베트남 이란 나라에 연민을 느끼며 다시 찾았다. 아오자이의 나라, 오토바이의 나라, 남자보다 여자가 더 일을 많이 하는 나라. 호치민을 모두가 영웅으로 받드는 나라, 어린아이들이 열심히 장사를 해서 생계를 꾸려 나가는 나라. '하얀 전쟁'의 안성기를 흠모하게 하는 나라. 우리나라에서 3D 업종에 종사하며 꿈을 안고 살아가는 사람들의 고향인 나라, 우리의 농촌 총각들과 결혼 하여 다문화 가족을 만들고 있는 나라. 이러한 이유 모두는 새롭게 이웃 나라를 살펴보려는 의지와 상관없이 그들과 친해지고 싶은 소통의 시작이라 할 수 있다.

  해질 무렵, 퇴근 시간쯤이면 하노이 거리는 오토바이로 인산인해를 이룬다. 혼자서 혹은 둘이서, 때론 셋, 아님 네 명이 서로서로 허리를 껴안고 달리는 모습은 관광객들에게 이색적인 문화체험을 덤으로 선사해 준다. 작은 도시가 연출하고 있는 진풍경은 복잡하고 비좁은 거리에서 무질서를 눈으로 확인시켜 주는 동시에 이탈을 허락하지 않는 질서를 깨닫게 해준다. 외국 사람들에게는 깜짝 놀랄 만큼 혼잡해 보이는 거리다. 하지만 도로위에서 달리는 그들에게서 긴장하거나 두려워하는 기색은 찾아 볼 수 없다. 열악한 도로 사정에 길들여진 그들에게 방향 표시등은 문명의 이기에 불과했다. 오토바이는 정체 구간을 통과하는데 최상의 운송수단으로 자연스러움을 연출한다. 도심의 거리에서 각자 필요에 의해 발휘 되는 기동력은 디지털 시대를 살아가는 또 다른 문화로 자리매김 되어 있지 않은가. 나름대로의 원칙과 규칙을 지키며 서행을 하거나 질주를 하는 그들에게서 묵언의 규칙을 발견하면서 흥미로움은 배가 되었다. 오토바이를 타고 달리는 시민들을 바라보던 나는 어느새 그 광경을 즐기고 있음에 화들짝 놀라고 말았다.

어느 나라에서든 연인사이는 아름다워 보이며, 신비로워 보이지 않던가. 하노이 거리에서 연인들의 흔적을 찾기란 아주 쉬웠다. 오토바이 위에 앉아 있는 남녀의 자세만으로 그들의 애정에 대한 척도와 깊이를 가늠하며 삼매경에 빠져 들었다. 앞쪽에서 운전을 주도하는 남자의 표정 따위는 문제가 되질 않았다. 앉아 있는 모양새만으로 사랑의 정도를 미루어 짐작 할 수 있으니 젊은이들에게 있어 오토바이는 값을 논할 이유 없이 필수품인 셈이다. 연인사이란 누가 뭐래도 둘만의 애정 행위가 가장 소중하고 애절하지 않을까 싶다. 뒤쪽에 앉아 있는 여성의 가방이 여성의 배와 남성의 등 뒤에 가로 놓여 있다면 이들은 만난 지 얼마 되지 않은 사이라 할 수 있다. 가방이 만약 오토바이의 핸들에 걸려있다면 이들의 애정에 정도는 무르익었다고 보여진다. 오토바이에 앉아 있는 간격도 눈여겨 볼 필요가 있다. 뒤에 앉은 여성이 앞의 남성에 허리를 어떻게 끌어안고 있느냐에 따라 애정의 깊이를 짐작할 수 있지 않은가. 뒤에 여성이 남성의 허리를 꼭 끌어안고 자신의 머리를 남성의 등 뒤에 파묻고 달린다면 그들은 헤어질 수 없는 절절한 사이가 분명하다. 반대로 여성이 남성의 허리를 끌어안고 있지 않고 양 허리 부분을 잡고만 있다면 교제한지 얼마 되지 않은 새내기 연인이 아닐까. 오토바이의 행렬을 쫓으며 젊은이들의 애정관을 미루어 짐작하는 순간, 그들의 문화에 한 발짝 다가간 듯싶어 흐뭇 해졌다.

젊은이들의 애정관은 우리나라나 베트남이나 다를 바가 없는 듯싶다. 사랑하는 사이라면 잠깐의 시간도 떨어져 있기 싫고, 최대한 다정하게 붙어 있고 싶은 마음이 앞설 일이다. 도로가 정체되어도 염려할 일 없으며, 유지비도 아낄 수 있는 운송 수단이야말로 오토바이만한 물건이 또 있으랴만 그 위에서 즐기는 연애 시절이야말로 소중한 추억거리 아니겠는가. 더구나 젊은이들이 즐길 수 있는 스피드까지 겸하고 있으니 청춘을 불태우는데 이만큼 유용한 도구가 어디 있을까. 거리에 나와 있는 수많은 오토바이들이 모두 연인들만의 점유물은 아니라고 본다. 하지만 유독 그들이 내 눈에 잡히는 걸 보면 사랑하는 사람들은 아름다워 보이고 행복해 보이기 때문이리라.

날마다 사람들은 오토바이를 타고 부지런히 어디를 향해 가는 것일까. 전어 떼 마냥 헤엄쳐 다니는 오토바이에서 인연을 맺고 있는 연인들은 다산을 상징하는 여신을 닮았다. 종족의 번영을 기원했던 10개의 팔을 지닌 포나가르란 여신처럼 그네들은 전쟁이란 아픔을 가슴에 묻어 두고 오늘을 살며 내일을 향해 달려간다. 연인들의 언약은 오토바이의 속도감만큼 천천히, 때론 빠르게 지켜질 게다. 사랑이란 가장 훌륭한 영혼의 결합이며, 완전한 형체를 낳기 위해 서로 요구하는 만남의 결정체가 아닐까. 두 사람이 하나 되어 함께 짊어지고 갈 가정은 통일을 상징하는 집합체라 해도 과언이 아니겠다. 하노이 광장 곳곳에서 서로 얼굴을 마주하고 입맞춤을 하는 젊은이들의 실루엣이 생경스럽지 않음은 베트남을 짊어지고 갈 원동력인 탓이리라.

  씨클로를 타며 나는 그들을 감상 했다. 그들은 웃고 있는 나를 흘끔흘끔 훔쳐봤다. 그렇게 관광객과 하노이 젊은이들은 서로의 문화를 탐하며, 사랑을 키우며, 가족이란 울타리를 만들며, 이 시대를 살아간다.

디아 띄우기

바라나시.

인도에서 가장 인도다운 곳. 그곳에는 갠지스 강이 흐른다. 인도 사람들은 갠지스 강을 흠모한다. 그들은 갠지스 강을 어머니의 강이라 부른다. 시바를 아끼고 숭배하는 만큼, 살아서나 죽어서나 갠지스 강에서 자신의 몸을 씻길 원한다. 씻는다고 하는 뜻은, 청결의 의미와 함께 정화를 바라는 그들만이 지닌 순수함의 근원일 게다. 세상에 태어나 희로애락을 겪으며 살다 죽음을 맞이했을 때, 신에게로 가까이 갈 수 있는 통로가 그들은 갠지스 강이라 믿고 있다.

힌두교 순례자들은 인도 최고의 성지인 바라나시로 평생 쌓인 죄를 씻어내기 위해 모여든다. 그들은 바라나시의 갠지스 강가에서 화장을 하게 되면 해탈을 하게 된다고 믿기에 그곳에서 죽기를 소원한다. 영적으로 깨어 있다는 바라나시엔 여든 개 이상의 가트가 옛 특색과 실용성을 간직한 채, 관광객의 눈길을 사로잡고 있다. 땅으로부터 강물로 이어지는 긴 계단을 사람들은 '가트Ghats'라고 부른다. 화장터를 겸한 가트에서는 하루 종일 시체 태우는 연기가 피어오른다. 무심한 불길은 죽은 이의 영혼에게 자유를 선물하듯 흔들리며 사방으로 흩어진다. 화장터 한쪽엔 세상 떠난 사람들을 태우기 위해 하루 종일 나뭇단만 나르는 이들의 피곤한 삶이 발길을 질척거리게 한다. 빨래터인 가트에서는 집안 대대로 빨래만 해야 하는 하층민의 삶이 물보라를 일으키며 맴돌고 있다. 신의 영역인 강가에서는 물빛이 아무리 더러워도 침대보까지 하얗고, 뽀얗게 반짝이며 건조된다. 바지랑대 걸린 빨랫줄이 아니라도 괜찮다. 가트 옆 흙먼지 바닥에 하얀색 옷을 빨아 널어도 얼룩 하나 없이 보송보송 말라 버린다. 그들의 신은 인도에서 불가촉천민인 이들에게 '신의 손'을 사용하도록 허락한 듯싶다.

새해가 되면 우리는 일출을 보며 희망을 품기 위해 동해로 달려간다. 반면 인도 사람들은 바라나시에 있는 갠지스 강에서 디아를 띄우며 새해 소원 빌기를 원한다. 디아는 야자수 잎을 접어 생화 꽃잎을 담아 촛불을 피울 수 있게 만든 작은 접시다. '디아 띄우기'는 접시에서 촛불이 꺼지지 않고 강물을 따라 흘러 신이 계신 영험한 곳까지 가기를 소원하는 의식이다. 일출과 함께 작은 쪽배로 강 중앙까지 나가 가트를 바라보며, 촛불을 켜서 디아를 띄워 보내는 일은 사뭇 경건하다. 수많은 사람들이 띄우는 디아를 보며 강이 오염되고 환경이 변한다고 걱정한다면, 그건 문명에 대한 이기심일 수 있다. 그들의 무조건적인 바람은 디아로 사용되는 야자수 잎도, 생화 이파리도, 촛농도, 강물에 녹아 다시 환생을 꿈꾸도록 빌어 주는 일이다.

바라나시에서 새해 첫날을 맞이하며, 덩달아 디아 띄우기에 동참했다. 같은 쪽배를 타기로 한 일행들과 백여 개의 디아를 준비했다. 새벽에 일어나 메모지에 열심히 소원도 적었다. 해마다 빌어야 할 소원이 무엇일까. 아무리 생각을 쥐어짜도 빌어야 할 소원이 무엇인지 선뜻 떠오르지 않는다. 마음을 비우고 내려놓기. 일상에서 가족들과 부딪치고, 지인들과 부대껴야 하는 일로부터 욕심을 버리자. 명예도 욕망도 내려놓는 일이 쉽지 않지만, 지친 몸과 정신은 간절히 요구하고 있지 않은가. 쪼글쪼글 주름살이 잡혀가는 중년의 몸은, 엇박자가 아닌 한 박자 느리게, 쉬엄쉬엄 살아가라고 경종을 울려 주고 있다.

천천히 물결 따라 흘러가기 시작하는 디아를 보며 모두 환호성을 질렀다. 각자 희망하던 소원은 이렇게 소박한 모습으로 기뻐하는 심성에서 우러나온다. 사람들의 속마음도 '맑음'으로 이루어진다면 얼마나 좋을까. 또 다른 배를 타고 따라오던 일본인 관광객들이 부러워하며 손을 흔든다. 선뜻 열 개의 디아를 그들에게 선물했다. 여행지에서의 배려는 '만남'으로 이어진다. 그 인연은 다시 윤회의 고리를 만들 일이다. 그래도 좋았다. 이 순간만은 신의 강물에 흠씬 젖어 들어 순수함만 남았으면 좋겠다.

바라나시에 오면 갠지스 강에서 일출과 일몰 시간에 보트를 즐기라 한다. 더불어 디아를 띄우며 소원을 빌라 한다. 시체를 태우는 화장터에서 솟아오르는 불꽃과 디아에 담긴 촛불의 흔들림은 다를 수밖에 없다. 삶과 죽음이 공생하는 바라나시는 여행객들에게 생각을 정지시켜 준다. 모든 생각에서 벗어날 수 있다면 여행은 재충전의 안식처가 된다. 여행객들 눈에는 더럽고 오염된 강이지만, 인도인들에게는 성스러움의 극치인 장소 아니던가. 시체를 태우고 남은 재도 갠지스 강에 버린다. 타다 남은 시체의 일부도 갠지스 강에 버린다. 오폐수도 갠지스 강에 버린다. 죽은 소와 개 등 동물의 사체도 갠지스 강에 버린다. 둥둥 떠다니는 부유물이 보여도 그들은 강물에 들어가 정성스럽게 목욕을 한다.

바라나시의 골목길이 미로처럼 좁고 구불거리는 이유도 물의 흐름을 배우기 위한 명상법의 한 방편은 아닐까. 그렇다면 '자아'를 찾기 위한 사람들에게 갠지스 강의 가트는 신들이 만든 시험장은 아닐지 의문이 들었다. 자칫 좁은 골목

길을 헤매다 마주치는 큰 소들은 어지러운 현대 문명을 질타하는 듯싶다. 그런 탓인지 바라나시에서는 시간을 잊는다. 날짜도 요일도 찾지 않는다. 가트에서 갠지스 강의 모래톱과 보트와 일렁거리는 물결과 장사꾼들의 흥정에 귀를 기울이다 보면 모두 하나가 된다. 언젠가 우리도 화장터의 장작더미 속으로 들어가는 인생들 아니던가. 울고, 웃으며 살다 한 줌 재로 변하는 부질없는 목숨일 텐데 욕심을 버리지 못하고 아등바등 동동거린다.

이제 갠지스 강이 더럽다고 말할 필요가 없다. 오늘도 쓰레기로 오염된 강으로 사람들은 꾸역꾸역 모여 든다. 구경을 하든, 구경을 당하든, 모두 일직선상에서 똑같아지는 곳이 바라나시다. 유별나게 깔끔을 떨 필요도 없다. 길거리에 너절하게 쌓인 똥 무더기가 사람의 짓이든, 소의 짓이든, 개의 짓이든, 염소의 짓이든 알 필요도 없다. 싫으면 무심히 피해가면 그뿐이다.

갠지스 강에 디아를 띄우며 소원을 비는 일처럼.

룸비니 동산에서 부처를 꿈꾸다

안개가 자욱하다.

스멀스멀 산자락을 에워싼 안개는 버스를 먹어치워 버릴 듯, 불투명한 고요로 한껏 제 몸 부풀리기에 바쁘다. 천천히 구름 속을 날아가는 비행기처럼 한 치 앞이 가려진 대형 버스는 덜컹덜컹 소리만 요란스럽다. 히말라야 설산을 품은 포카라는 안개에 가려 룸비니를 향한 내 속내마저 미로 속으로 빠져들게 했다.

부처님 탄생지를 찾아 가는 내내 사방은 안개에 묻혀 까무룩해졌다. 해발 1,200미터쯤에 위치한 오지 마을도 모습을 감춘 채 보이지 않는다. 자갈길에 튀어 오르는 바퀴의 진동을 온 몸으로 맞이하며 엉덩방아를 찧었다. 좁은 경사로를 오르내릴 때마다 쏠리는 몸을 곤추세우느라 잠을 청할 수도 없다. 앞사람의 뒤통수만 바라보며 두 발 끝에 힘을 모으기를 반복한다. 포카라에서 아침 여덟시에 출발한 버스는 뉘엿뉘엿 해가 넘어 갈 무렵, 룸비니 동산에 나를 내던져 놓았다. 부처님께서 득도를 하고, 처음 설법을 하고, 열반에 이른 장소는 모두 인도에 소재해 있다. 하지만 네팔에는 룸비니 동산의 평온한 전원 풍경 한가운데 부처 탄생지가 자리하고 있을 뿐이다.

 서서히 안개를 떨쳐버린 마을은 끝없이 펼쳐진 넓은 평원 위에 한가롭게 모습을 드러냈다. 거리엔 드문드문 부처가 태어난 곳을 순례하는 각 국의 사람들이 따뜻한 온기를 내뿜으며 스쳐 지나갔다. 선향의 부드러운 향기가 코끝을 자극한다. 폐 속까지 들어온 향냄새는 가슴 언저리를 포근하게 데워 준다. 한국 사찰인 대성석가사에 숙소를 정하고 배낭을 내려놓자 짜랑짜랑한 독경 소리가 반갑게 울려 퍼진다.

 어두워지기 전에 서둘러 키 큰 보리수 옆 흰색으로 색칠된 마야데비 사원을 찾았다. 신발을 벗고 어두운 사원 안으로 들어가자 정면에 부처님 탄생을 새긴 석상이 보였다. 대부분 원형은 손상되었지만, 소형 복원상에는 나무에 기대어 서 있는 마야 왕비와 가운데 아기의 모습이 선명하게 빛났다. 사원 옆에 우뚝 솟은 기원전 249년에 지어졌다고 여겨지는 아쇼카 왕의 석주石柱도 눈길을 끈다. 그 기둥에는 '아쇼카 왕은 재위 20년에 이곳으로 참배 와 이 석주를 지었다. 석가모니 부처는 여기에서 태어났고…'라고 적혀 있다. 마야데비 사원 앞쪽엔 큰 보리수나무 그림자가 비춰지는 사각형 연못이 남아 있다. 왕비가 출산 전에 몸을 깨끗이 씻고, 왕자도 태어난 후 목욕시켰다는 유서 깊은 연못이다. 가까이에 있는 오래된 스투파의 유적도 시선을 붙잡는다. 평화를 상징하는 꺼지지 않는 불은 여행객의 지친 몸을 더욱 경건하게 만들어 준다. 저녁 공양 시간에 쫓겨 서둘러 대성석가사로 돌아오면서 내일 새벽을 기다렸다. 룸비니까지 왔으니 새벽 예불에 꼭 동참해 부처님의 온화한 숨결을 느껴보리라 결심했다.

새벽 찬 공기를 업고 선 그의 등이 어제보다 넓게 보인다. 두툼한 점퍼를 걸친 뒷모습이 흐린 불빛을 받아 크게 흔들린다. 두 손 모으고, 두 발 모으고, 고개 숙인 채, 정면에 앉아 계신 대자대비 부처님을 향해 허리를 굽힌 후, 방바닥에 엎드린다. 절을 올리는 자세가 사뭇 진지하다. 부처님을 마주 하고 올리는 기도에서 그동안 살아온 삶을 감사하려는 태도가 역력히 묻어났다. 그의 등 뒤로 오로라처럼 퍼진 기운은 겸손하게 고개 숙이는 젊은이의 의지와 겹쳐져 미련을 내려놓은 듯, 요지부동이다. 방하착放下着. 가볍다. 날아갈듯 가벼운 그림자가 어른어른 주위를 맴돌며 원을 그린다. 그동안 살아온 시간들이 너울춤을 추는 듯, 무지개빛으로 퍼진다. 그는, 자신이 이루고 싶은 목표를 향해 오직 한 길로만 달려 왔을 터다. 하고 싶은 놀이도 마다 않고, 책과 씨름했을 지난 시간들이 시나브로 겹쳐진다. 성공한 사람의 뒷모습은 아름다웠다. 자신의 고지를 향해 달려온 성취감을 그는 부처님께 고告 하고 있을지도 모른다. 지금까지 살아온 삶보다 앞으로 살아갈 날이 더 많은 젊은 청년의 고백을 부처님도 들어 주고 계시겠지. 어쩌면 뒷바라지 해 준 부모님께 감사하고 있을지도 모른다. 스승님께 감사하고, 함께 했던 친구와 동료들에게 감사하고 있을지도 모를 일이다.

그는 왜 변호사를 꿈꿨을까. 사법고시에 합격하고 연수도 마치고, 로펌에 취업 한 후, 출근을 기다리는 동안 네팔과 인도 여행을 선택했다. 왜 굳이 네팔과 인도를 여행하고 싶었는지 묻고 싶었다. 카스트 제도가 성행하고, 여성의 인권이 무시당하고, 자비와 평화를 가르치는 부처가 탄생하고, 처음 설법을 하고, 열반한 나라. 그곳에서 부딪치고 체험한 일들이 가치관에 어떤 영향을 미칠지 궁금해 졌다. 젊은 변호사의 패기 넘치는 경험이 자기 성찰의 순간으로 다가올 때, 그의 앞에 펼쳐진 나머지 생生은 분명 정의로움으로 넘칠 일이다.

그의 등 뒤에서 나도 따라 삼배를 올린다. 몸이 힘들고, 마음이 아파 날마다 괴로움의 늪에서 헤어나지 못하고 있을 즈음, 인도와 네팔 여행을 시작 했다. 지천명을 넘기는 시기에 하던 일과 가족에 대한 회의는 자성의 늪에서 허우적거리게 만들었다. 모든 일에서 벗어나고 싶고, 혼자이고 싶을 때, 홀연히 배낭하나 메고 찾은 네팔이었다. 아무도 모르는 곳, 아무도 알지 못하는 곳에서 혼자 쉬고 싶었다. 한 달 일정으로 네팔에 도착했을 무렵, 내가 상상했던 도시는 온데간데없고, 색다른 문화 충격에 오히려 당황스러웠다. 마음을 내려놓고, 욕심도 비우겠다 결심하고 오른 히말라야 트래킹에서 그를 처음 만났다.

함께 동행이 되어 산을 오르며, 숨을 헐떡이며, 뒤를 쫓는 순간, 젊은 청년의 자신감에 넘친 행보가 은근히 부러워졌다. 경찰보다는 검사가 멋져 보이고, 검사보다는 변호사가 더 훌륭해 보여서 사법고시 공부를 했다는 그의 말이 막연하게 가슴 속을 파고들었다. 사회 정의를 구현하고 안녕과 질서를 지켜주는 경찰이나 검찰이나 변호사를 우리 모두는 선망한다. 그 꿈을 이룬 한 청년의 겸허한 자세가 폐부 깊숙이 다가왔다. 지금까지 삶은 성공적이라기보다 노력한 만큼의 대가였으리라. 앞으로 남은 삶에 대한 통찰이 그에게 남겨진 숙제라면 인생은 좀 더 진지하게 설계될 수 있으려나.

인류 사회의 안녕과 평화를 지키는 일은 동서고금 모든 사람들의 소원이며 변함없는 바람이다. 하지만 이러한 인류의 소원과 바람은 지극히 간절하면서도 완전한 실현을 성취하긴 힘들지 않겠는가. 불교에서는 진리를 정법正法이라 일컫는다. 정법은 그 무엇에도 견줄 수 없는 가장 높은 가치를 가지고 있다. ≪법구경法句經≫에는 '법의 베풂은 그 어느 베풂보다 훌륭하고, 법의 맛은 어느 맛보다도 훌륭하며, 법의 즐거움은 어느 즐거움보다도 더하나니, 탐욕을 멸진함은 모든 괴로움을 이긴다.' 고 하였다.

불현듯, 아리안족이 인도에 침입해 원주민을 정복한 후, 사성제도四姓制度라는 계급제도를 만든 일이 우연이 아닐 수 있다는 생각이 들었다. 바라문과 왕족은 승리자로서의 지배계급이고, 서민과 노예는 압박받는 피지배계급이다. 특히 노예계급은 정상적인 사회인으로 인정을 받지 못해 생명권도 종교적 신앙마저도 존재할 수 없었다. 하지만 부처님께서는 인종과 가계家系를 중심으로 하는 선민選民적 계급제도를 단호히 반대했다. 부처님은 사성계급의 장벽을 깨뜨려버리고 인간평등을 주장하지 않았던가. 사성계급의 차별관을 타파한 불교의 평등사상은 '타의 존재'를 바르게 인식함에서 비롯된다. 정복하기 위한 '타他'가 아니라 자기 자신 속에서 '타'를 발견하고 자기와 함께 '타'를 인정하며 '타'를 위해 전력해야 하는 변호사의 길이 그의 몫이던가. 자타평등의 아름다운 세계를 건설하려는 부처님 말씀과 의지가 고개 숙인 등 뒤에서 읽혀짐은 자책으로 얼룩진 내 마음을 달래주려는 또 다른 울림일까.

스님의 목탁 소리가 청아하게 법당 안을 돌고 돈다. 마주 보는 신도들끼리 인사를 나눈다. 다시 삼배를 올린다. 마지막 절을 올리며 고개를 드는 순간, 부처님의 시선이 그에게 꽂혀 있음을 발견한다. 엷게 번지는 미소가 흔들리는 그의 어깨를 감싸 안는다.

"방하착"

마음을 비우고, 욕심을 내려놓으면 나도 따라 부처를 꿈꿀 수 있으려나.

뭄바이는 아이러니에 빠지다

 불빛은 여러 가지 색깔로 반짝거렸다.
 비행기에서 바라 본 뭄바이 시내는 형형색색으로 이방인을 맞이했다. 길게 뻗은 아라비아해의 수면은 찰랑찰랑 은빛을 뿜어대며 흔들린다. 물결을 짐작하게 만드는 또 다른 풍경은 야경이란 이름으로 보는 이를 황홀하게 만들었다. 내일 날이 밝으면, 별빛보다 화려한 네온에 가려졌던 어두운 골목들이 어떻게 탈바꿈할지 궁금해 졌다. 진실게임을 벌이듯 도심의 거리들이 본연의 모습을 나타낼 때, 좀 더 친근감이 밀려올지도 모른다. 예전에 델리로 입국 했을 때 역시 늦은 밤이었지만, 야경의 유혹에 빠져 보지는 못했다.
 뭄바이는 아름다운 불빛에 가려진 신비의 도시처럼 내게 성큼성큼 다가왔다. 인도가 쌓아 올린 가장 위대한 경제 부흥의 금자탑이라는 찬사에 어울리게 뭄바이는 마천루와 영국 식민지 시절 조성된 유럽풍 건축물로 매력을 뽐내고 있다.

이른 아침, 눈을 뜨자마자 세계적으로 유명한 따지마할 호텔이 보고 싶어 졌다. 따지마할 호텔은 인도의 대표적 민족자본가인 잠세뜨지 나세르 완지 타타Jamsetji Naserwanji Tata가 1898~1903년에 걸쳐 완공한 건축물이다. 타타 회사의 창업주인 그는 식민지 시절 호텔 아폴로 입구에서 영국인들에게 출입을 저지당하는 수모를 겪었다. 따지마할 호텔은 그 일에 대한 앙갚음으로 지어진 건물이라고 했다. 영국인들에게 인도인이란 이유로 출입을 거절당했으니 그의 자존심이 상하고도 남을 일이다. 그는 당시 관행으론 파격적인 건축기법을 선보였다. 그 시절 건축물의 창문은 모두 도시 안쪽을 향하게 지어져 있었다. 하지만 타타는 새롭게 아라비아 해를 바라볼 수 있는 쪽으로 정문과 창문을 만들어 화제를 불러 일으켰다. 강변이나 바닷가 쪽으로 거실이 뚫린 아파트가 어느 곳이든 인기가 상승하고, 값도 치솟고 있다. 이런 현상을 미리 예견한 그의 사업가적 안목이 놀라울 뿐이다. 앞을 내다보는 그의 혜안은 후세에까지 적중해 뭄바이를 빛내고 있지 않은가.

따지마할 호텔은 명성에 어울리게 게이트오브 인디아의 위용과 함께 아라비아 해변을 오만하게 지키고 있다. 해변의 찰랑거리는 물빛과 함께 뭄바이를 찾는 외국 관광객이

나 내국인들의 휴식과 안식을 감싸 안고 있으니 호텔 투숙객들은 신이라도 된 기분을 맛 볼 듯싶다. 뭄바이까지 왔는데 각국의 부호들이나 투숙할 수 있는 값비싼 숙박료에 마냥 기가 죽을 수 없었다. 우아하게 호텔 커피숍에서 차 한 잔으로 호사를 누려도 괜찮을 듯싶었다. 한껏 치솟은 객기로 인도 여행 중 세끼 정도 해결할 수 있는 가격대의 라떼를 주문했다. 이곳에서는 아메리카노의 담백한 향은 어울리지 않을 듯싶었다. 라떼의 매혹적인 향과 하트 모양의 크림은 날 충분히 행복하게 만들었다.

창가에 자리 잡고 웨이터들의 정중한 서비스를 받으며 곁들여 나온 쿠키를 아삭 깨물었다. 역시 호텔 요리장의 솜씨라 다과 맛도 고소하게 혀끝을 달군다. 달지도 않고, 퍽퍽하지도 않은 쿠키 맛은 프랑스 파리의 어느 카페 골목인 양 착각을 불러 일으켰다. 사르르 녹는 두 번째 쿠키 맛을 음미할 즈음 갑자기 그랜드 피아노의 음반이 춤을 추듯 내 눈가를 스쳤다. 나이가 들어 보이는 뚱뚱한 체격의 피아니스트는 남자였다. 그의 체격에 비해 가늘고 긴 손가락은 음반위에서 귀에 익숙한 보헤미안의 곡들을 연속으로 들려준다. 어울리지 않을 듯한 선곡들은 지금의 분위기에 안성맞춤인 리듬으로 울려 퍼졌다. 한쪽엔 웅장한 용기에 뷔페 음식이 차려져 있다. 또 다른 쪽에선 유럽에서 온 그룹 여행객들이 조용조용 담소를 나누며 우아하게 웨이터들의 서빙을 받고 있다. 마치 수평선이 보여야 할 아라비아 해 끝이 물안개에 싸여 몽롱함을 연출하는 분위기처럼 각기 다른 테이블 세팅은 라떼 한 잔에 황홀해 하는 나를 어색하지 않게 만들었다.

건축물의 발칙한 변화에 사연스레 젖어든 사람들의 시선처럼 따지마할 호텔은 본연의 의무 대신 풍광을 자랑하는 대변인으로 버티고 있다. 마치 타타가 만든 시대의 사기극처럼 호텔 안과 밖의 일상은 아무도 예측할 수 없는 시간 속에 젖어 들었다. 100여 년 전 인도 사라세닉Indo Saracenic 건축 양식이 돋보이는 구관은 1973년도에 세워진 신관보다 더 여행객의 마음을 흔들어 놓는다. 따지마할 호텔 안쪽 내부는 상류층의 전유물인 듯, 아름다운 장식과 호화로운 인테리어로 별천지를 꿈꾸게 한다. 호텔 밖 거리 쪽에는 관광객들을 향해 호객과 사기와 구걸하기에 바쁜 하층민들의 고단한 삶이 경비병들의 시선에 부딪혀 숨바꼭질하기에 바빴다. 호텔 건물을 배경으로 인증 사진을 남기려는 관광객들 틈에서 번뜩이는 그들의 눈빛이 연민으로 밀려와 가슴 속 깊이 숨어들었다.

로비를 가득 채운 대리석의 웅장함은 여행 경비를 아껴야 하는 배낭객들의 호주머니를 초라하게 만든다. 차가운 느낌이 전혀 들지 않는 형형색색의 대리석은 호화로운 샹드리에와 함께 신비로움을 연출한다. 로비를 가득 채운 명품 숍의 고급스런 분위기는 빈부격차란 말을 무색하게 만든다. 인도라는 나라에 가난해서 고향을 떠나야 하는 젊은 이들이 있던가. 먹을거리를 구하느라 거리에서 몸을 팔아야 하는 십대 소녀가 있던가. 가족을 부양하기 위해 마약을 팔아야 하는 아이들이 있던가. 잠잘 곳을 구하지 못해 노숙하는 이들이 있던가. 호텔 안쪽의 상황으론 상상할 수 없는 뭄바이의 현실이다.

호텔 밖에서는 수백 년을 이어온 카스트 제도에 의해 인권을 유린당한 채, 말없이 살아가는 불가촉천민들의 정지된 하루가 긴 그림자를 만들고 있다. 그들은 누가 짓밟아도 비명 한 번 지르지 않는다. 그들은 이미 약자의 대열에서 누대에 걸쳐 '순응'이란 단어에 익숙해져 있는지도 모른다. 아이러니하게도 그들의 하루하루 반복되는 일상은 검게 그을려 반들거리는 얼굴에 웃음을 번지게 만들었다. 그들은 신들을 아끼고, 흠모하기에 천직을 사랑하고 있는지도 모를 일이다. 그들의 신이 그들과 함께 따지마할 호텔 내부에 들어와 하룻밤 잠을 자 봤다면, 자신들의 삶에 만족하며 행복하다 말 할 수 있을지 의문이 들었다.

문득 타타 회장에게 묻고 싶었다. 식민지 시절 영국인이 아니기에 당했던 설움으로 건설한 호화 호텔이 인도인 대다수는 바라만 봐야 하는 상징물에 지나지 않는다는 사실을 알고 있나요? 그럼 그는 어떻게 대답을 할까.

사라져가는 빨래터

 새벽부터 헐레벌떡 부지런을 떨었다.
 세계에서 가장 큰 빨래터인 도비가트를 가기 위해서 였다. 뭄바이에 있는 도비가트는 매일 약 오천여 명의 노동자들이 1,026개의 빨래터에서 교대로 세탁을 하느라 분주한 곳이다. 인공위성이 하늘에 떠다니고, 스마트폰이 21세기를 주도하는 요즘, 인도에서 카스트 제도란 명분은 법적으로 철폐되었다. 하지만 아직도 곳곳에서 계급사회의 폐단으로 인해 몸살을 앓고 있다.
 '도비'란 인도에서 빨래하는 사람들 모두를 지칭해 부르는 말이다. 오래전부터 더러움을 극도로 싫어하던 힌두교도들이 도비Dhobi란 카스트를 두어 빨래하는 일을 전담 시켰다. 계급사회에서 불가촉천민인 그들은 세습적으로 '도비 왈라'라 불렸다. 그들의 삶은 단순하면서도 반복적인 일상뿐이다. 정신없이 복잡한 대도시 한가운데에서 빨래만 하며 평생을 살아가고 있는 그들의 직업이 사라질 때가 다가왔다. 문명의 새로운 바람은 재개발이란 명명 아래 그들의 안식처를 휩쓸어 버릴 태세다. 또한 세계적인 경제 도시로의 발돋움은 뭄바이에서 그들의 일을 더 이상 필요로 하지 않는다. 갑자기 천직을 잃을 그들과 부양해야 할 가족들은 어떤 일로 생계를 이어가야 할까.

뭄바이는 인도에서 가장 물가가 비싼 곳이다. 그래서인지 여행객들에겐 다른 곳으로 환승하기 위해 하루 잠깐 스쳤다 가는 도시로 익숙하다. 두 번째로 큰 항구 도시라 그런지 도심은 깨끗했고, 사람들도 세련미가 넘쳤다. 유사 도시에서 부딪쳤던 남루하고, 치근치근 달라붙던 호객 행위와 끈적거림은 고층 빌딩에 묻혀 숨어버렸을까. 만나는 사람마다 자신감에 넘쳐 있고, 활기차 보였다. 옛 문명과 현대 문명이 존재하면서 알레고리의 산실 같은 은유적인 도시. 하지만 외국 관광객에게 당연시 되고 있는 바가지요금과 실랑이를 벌일 때면 많은 신을 숭배하고, 신분을 의식하는 그들의 사고가 의심스럽기만 했다.

택시 기사에게 요금을 미터기로 환산해 지불하겠다고 여러 번 흥정을 반복한 후 올라탔다. 하지만 이곳은 사기꾼 천지라는 인도 아니던가. 미터기 지불을 승낙한 기사는 마냥 뱅글뱅글 도심의 골목과 골목 속을 맴돌고 다녔다. 시간이 한참 흐르고서야 요금을 올리자는 그의 계획을 눈치 챘다.

"Stop, Stop!"

창문을 두드리며 차를 노면에 세우라고 소리쳤다. 하지만 기사는 영어를 못 알아듣는 척 딴청을 부리며 계속 달렸다. 그는 도비가트로 가는 길을 잘 알고 있으니 걱정하지 말라며 너스레를 떨었다. 미터기는 소리도 없이 높은 숫자를 향해 치달았다. 어이없이 500루피를 택시비로 지불하고 찝찝한 기분으로 도비가트에 들어섰다.

빨강, 파랑, 노랑, 하얀색으로 휘날리는 옥상위의 빨래들을 바라보는 순간, 어렵게 찾아 온 길이 후회되지 않았다. 색색이 나뉘어져 빨랫줄에 널린 세탁물들은 '더러움'이란 단어와는 거리가 멀어 보였다. 깨끗함과 순백의 청정함은 흰색이 풍기는 이미지만은 아니었다. 청바지는 청바지끼리, 셔츠는 셔츠끼리, 치마는 치마끼리, 침대커버는 침대커버끼리 흰색과 유색의 빨래들이 바람에 나부끼고 있었다. 그 모습은 질서가 없는 듯 어수선한 뭄바이 거리를 또 다른 규범으로 정리를 해놓은 듯 정갈했다.

도비가트에서 생활하고 있는 친구를 소개해 준 지인은 무조건 가보면 안다는 말을 여러 번 되풀이 했다. 그가 말하는 '가 보면 안다는 일'은 무엇일까. 무엇을 보고 내가 알아야 하며 깨달아야 한단 말이었을까. 그 생각에 사로잡혀 잠시 혼돈의 길을 헤맸다. 아니 어쩌면 도비가트에서 내가 꼭 그런 이유에 의의를 두어야 하는지조차 의문이 들었다. 가트 입구에서 사진을 찍으려면 100루피를 내고 들어가야 한다고 거주민들에게 제지를 받았다. 생뚱맞은 요구에 순간 당황스러웠지만, 그들의 요구가 턱없이 무모하지 않게 들렸다. 도비가트는 그들이 생업을 잇고 있는 직업 전선 아니던가. 또한 하루하루 생활까지 하는 일상사가 그대로 드러나 있는 곳 아니던가. 자신들의 작업장과 생활 터전에 외부인들이 무시로 들어와 사진을 찍고 둘러보는 행위가 좋기만 하진 않을 듯싶다. 세계에서 모여든 관광객들의 시선에 도비가트의 빨래터는 눈요기 꺼리에 지나지 않을 수 있다. 자기 나라에는 존재하지 않을 빨래터. 그 규모와 수량에 놀라는 만큼 호기심은 동정으로 바뀔 수도 있다. 하지만 관광객들은 한 번 다녀가면 그뿐, 영원히 그곳에서 삶을 영위할 사람들은 아니었다.

  도비가트는 인도 뿐 아니라 세계에서 가장 큰 빨래터다. 공공기관인 병원이나 호텔뿐 아니라 가정집 빨래조차 이곳에서 세탁이 이루어졌다. 그만큼 비용면에서 저렴하다는 결론이다. 하지만 최근까지 손으로 모든 세탁을 해 왔지만, 지금은 전자동 세탁기가 슬며시 들어와 자리 잡고 있다. 기계로 헹굼과 건조와 탈수를 하는 모습을 지켜보며 세월의 흔적이 서글퍼졌다. 시간이 흐를수록 점점 많은 상류층 가정에 '세탁기'라 불리는 자동화 기계가 편리함으로 자리하게 되지 않겠는가. 몇 대를 아울러 세습되어 온 그들의 천직이 문명의 발달에 의해 밀려날 시기가 되었다.

빨래터를 돌아보는 내내 우리나라의 현실이 답답하게 가슴을 억눌러 왔다. 대학을 졸업해도 직업을 찾지 못해 방황하는 젊은이들이 사회 문제로 대두된 지 이미 오래다. 고급 인력인 젊은이들은 갈 곳이 없어도, 3D 업종의 열악한 작업 현장에서는 일할 사람을 구하지 못해 외국인 근로자를 고용하고 있지 않던가. 세습적 제도로 인해 도비 왈라들은 그들의 의사와 상관없이 빨래터를 지켜왔다. 하지만 우리 사회에서 늘어만 가는 대학 졸업생들은 힘든 일을 할 수 없기에 실업자로 살아간다. 슬픈 아이러니가 아닐 수 없다.

뭄바이는 인도인들에게 꿈과 희망의 도시다. 농촌의 젊은이들이 뭄바이행 기차에 몸을 싣는다는 의미는 가난으로부터 탈출이며, 카스트 제도로부터의 일탈일 수 있다. 그들의 오랜 관습이 뭄바이에서 해소 될 수는 없겠지만, 젊은 층들은 끊임없이 미래에 대한 소망을 간직한 채, 신에게 기도드린다.

오늘도 도비 왈라들은 사라져 가는 빨래터에서 물살을 튕겨대며 구부린 허리를 펴지 못하고 있다.

신神의 경계에서 사기꾼을 만나다

 재능기부. 늘 꿈꾸던 일이다. 내게 타고난 재주와 능력이 있다면, 필요로 하는 이들을 위해 헌신하고 싶었다.
 그는 반백의 긴 머리를 뒤로 질끈 묶고 있었다. 훤칠한 키에 잿빛 코트는 누가 봐도 멋스럽게 어울렸다. 가죽 캐주얼화 또한 그의 깔끔한 입성에 안성맞춤이다. 오똑한 콧날은 당장이라도 얇은 종이를 베어 버릴 듯하다. 반드르르한 이마 중심선에 기세 높게 버티고 있는 콧등은 그를 지적으로 보이게 했다. 쌍꺼풀 없이 도톰하게 찢어진 두 눈은 온기를 품은 어미새의 깃털처럼 부드러웠다. 익살스럽게 뱉어 내는 발음이 그의 인격을 더욱 돋보이게 한다. 기역, 니은, 디귿, 발성 연습을 많이 한 듯, 오므렸다 폈다 하는 폼이 성악가의 입 모양새를 닮았다. 더구나 재능기부를 하고 있다니 얼마나 훌륭한가. 그를 바라보며 내심 부러움과 함께 존경심이 우러나왔다.

그가 가게 문을 드르륵 열고 들어오는 순간, 예술가적 분위기가 물씬 풍겨 나왔다. 며칠 밖에서 일해야 하는 사람들에게 입힐 점퍼 여덟 벌이 필요하다며 매장을 돌아봤다. 조용조용 기웃거리는 그를 보며, 호기심이 발동해 저절로 감탄사가 새어 나왔다. 영하를 밑도는 추운 겨울 날, 밖에서 일 해야 하는 직원들의 고충을 헤아리는 간부의 품성이 외모에서부터 흠씬 묻어났기 때문이다.

"옷 치수를 연락 해 달라고 했으니 조금만 기다리겠습니다."

추운 날씨 탓인지 손님도 없이 한가한 오후였다. 점퍼 여덟 벌을 구매 하겠다는 손님의 말에 속마음은 신바람이 났다. 따뜻한 난로 쪽으로 그를 안내 한 후, 커피를 권했다.

"멀리 갈 필요 없이 동네에서 팔아 드려야 겠네요."

심성이 비단결처럼 고운 천사가 우리 가게를 방문한 듯, 그의 주변에서 알 수 없는 광채가 뿜어져 나와 가게 안을 채우는 듯했다.

"조각이나, 서각을 하세요?"

"머리 묶었으면 다 미술 하는 사람처럼 보이죠?"

잔잔한 미소를 머금으며 그가 너스레를 떨기 시작 했다. 커피 한 잔을 더 권하며 나는 어느새 그의 이야기에 빨려들고 있었다. 자신을 서울대학교 음대에서 바이올린을 가르치는 교수라고 밝혔다. 레슨비로 고민하는 절대음감의 아이들을 돕고 싶다고 했다. 경기도 교육청에서 오디션을 거쳐 이십여 명을 선발해 주면, 자신이 무료 레슨을 해 주기로 했다며 수줍어한다. 경기 지역 아이들에게만 주는 혜택이라고 했다. 교수 정년을 두어 해 남겼는데 보람 있는 일을 하고 싶었다고 했다. 오늘부터 경매로 산 자신의 건물을 연습장으로 리모델링 작업 중이라고 한다. 자신이 좋은 일을 하고 있으니 조교들과 지인들이 건물 내부 방음벽과 인테리어를 도와주는데 작은 성의로 점퍼를 사 주려고 한다고 너스레를 떨었다.

서울대학교 음대 교수와 조교들이라면 눈코 뜰 새 없이 바쁠텐데, 경기도 학생들을 위해 재능기부를 생각해 내다니! 더구나 자신의 사재를 털어 연습장을 만들고 제자들 육성을 하겠다니, 참으로 건전한 사고를 지닌 교수로 보였다. 이미 내 머릿속은 재능기부란 어휘에 꽂혀 상황판단이 흐려지고 있었다. 그동안 남을 위해 봉사하는 이들을 부러워만 해 왔다. 순간, 좋은 일을 하는 분에게 점퍼를 얼마나 깎아 주어야 할 지 고민하고 있었다.

"금방 다시 오겠습니다."

전화를 받는 척, 누군가와 통화를 하던 그가 지인들이 길을 못 찾고 있다며 뛰어 나갔다. 한 시간 이상을 난롯가에서 불을 쬐며 음악 이야기와 바이올린 이야기를 들려주던 그가 꼭 돌아왔으면 하는 기대를 갖고 문 쪽만 바라보았다. 잠시 후, 그가 급하게 뛰어 들어 왔다.

"숙소를 잡으려 하는데 현금만 가능하다고 해요. 조교가 오는 대로 점퍼 값과 함께 드릴 테니 몇 만원만 빌려 주실 수 있어요?"

만 원짜리 몇 개를 들고 가쁜 숨을 몰아대는 그였다. 길게 속사정 이야기를 들을 생각도 않은 채, 손은 이미 금고 문을 열고 있었다. 돈을 쥐고 사라지는 그의 뒤 꼭지를 바라보며 대박이 터지는 날이라고 싹싹하게 애교 섞인 인사를 날렸다. 하지만 한 시간이 흐르고, 두 시간이 흘러도 조교는커녕 그 조차 올 기미가 보이질 않았다. 손님이 없는 탓에, 열리지 않는 가게 문을 쳐다보며 한숨을 내 쉬다 애꿎은 점퍼 숫자만 헤아리기를 반복했다. 어둠 속에서 빛나는 네온 불빛을 바라보며 초조함을 달랬다.

문을 닫을 시간이 되어도 그는 나타나지 않았다. 서울대 교수가 재능기부를 한다는 말에 속아 넘어간 내가 한심하다고 인정하기엔 왠지 억울했다. 어둠이 짙어질수록 그렇게 점잖게 생긴 사람이 설마, 이성은 자꾸 도리질을 치고 있었다. 하지만, 돈 몇 만 원을 사기 치기 위해 두어 시간을 투자 하느라 그가 연구 했을 행동과 말들을 되짚어 볼수록 헛웃음만 나왔다. 사기를 당한 게 분명했다.

그렇지만 그 일을 모사하기 위해 머리를 굴리며 살았을 그의 인생이 측은하지 않은가. 멀쩡히 잘 생긴 외모로 하는 일이 사기꾼이란 말인가. 아마도 그는 우리 가게 뿐 아니라 하루에 여러 군데를 똑 같은 수법으로 돌아다닐지도 모른다. 어이없게도 열 명이 한 도둑 못 지킨다는 속담처럼, 사기를 칠 작정하고 덤비는 이에게 어찌 당하지 않을 수 있을까.

쓸쓸한 마음을 곱씹고 있을 즈음, 지난 겨울 인도 여행길에서 만났던 꿀장수 할아버지의 얼굴이 떠올랐다. 귀국하기 전 날, 묵고 있던 숙소 앞마당에 진풍경이 벌어졌다. 궁금해서 기웃거리던 나는 무리들 사이에 끼고 말았다. 서너 명의 인도인들과 여행객들이 모여 열심히 무언가 맛을 보고 있었다. 동네 할아버지가 소일로 석청을 따다 판다고 했다. 프랑스인, 중국인, 폴란드인과 더불어 한국 여행객 두어 명도 섞여 신기한 표정으로 꿀맛을 보고 있었다. 팔짱을 끼고 빙 둘러싸듯 모여 있는 인도인들도 이곳 맥그로드 간즈에서 나오는 석청이 최고라고 저희들끼리 주고받으며 고개를 주억 거렸다.

옳지, 내 머릿속에 섬광이 번뜩였다. 내일이면 귀국인데 지인들 선물로 최고일 듯싶었다. 인도에서도 구하기 힘든 석청을 선물 받으면 얼마나 기뻐할까. 여러 사람들 틈을 비집고 들어가 서너 통을 사 버렸다. 흐뭇한 미소를 흘리는 꿀장수 할아버지의 얼굴이 순박해 보였다. 부지런히 짐 정리를 하는데 꿀병이 말썽이었다. 무게와 부피가 배낭에 아무리 꾸겨 넣어도 감당이 되질 않았다. 옆에서 지켜보던 J가 한심하단 표정을 지으며 꿀을 버리고 가라고 놀렸다.
 "석청은 그렇게 안 생겼거든요!"
 아뿔사! 사기꾼이 많다는 인도 여행에서 무사히 일정을 소화하고 귀국하나 했는데, 마지막 날 꿀장수 할아버지에게 당하다니! 앞 뒤 없이 급한 마음은 꿀병을 들고 할아버지를 찾아 나섰다. 꿀장수 할아버지는 사람들이 가장 많이 오가는 거리에 철퍼덕 주저앉아 얼굴 가득 미소를 머금은 채, 관광객들에게 손짓으로만 꿀을 팔고 있었다.
 "이 꿀 석청이 아니니 환불해 주세요!"
 "노프로블럼."
 할아버지의 대답은 간단했다. 자신은 석청을 판 적 없고 그냥 벌꿀을 팔았다고 했다. 그 말을 듣자 화가 치밀어 올랐다. 전 후 사정을 이야기 하려 해도 서로 말이 통하지 않았다. 꿀장수 할아버지는 내 얼굴은 쳐다보지도 않은 채, 자기 할 일만 하고 있었다. 그제야 내 행동이 어리석었음을 깨달았다. 꿀장수 할아버지는 사람 좋아 보이는 미소만 지어 보였을 뿐 말은 한마디도 하지 않았다. 주변에 모인 구경꾼들이 서로 주고받는 말에 내가 솔깃해 내 짐작으로 서너 병을 사지 않았던가. 신중하지 못한 결과가 분명 했다.

자세히 들여다볼수록 설탕을 녹인 가짜 꿀이 분명했다.

꿀장수 할아버지는 외국인들과 말이 통하지 않는 척, 손짓만으로 여전히 손님을 불러 모으고 있었다. 주변에는 두서너 명의 인도인들이 바람잡이 역할을 하는 듯 부산스러웠다. 신이 많고 스승이 많다는 인도에서 할아버지의 어이없는 행동에 두말 못하고 돌아서야 했다. 오히려 환불을 요청하는 내 모습이 잘못 된 듯 뒤통수가 화끈 거렸다. 꿀장수 할아버지 태도는 가짜 꿀, 진짜 꿀에 관심도 없었다. 손짓해서 부르면 다가오고, 맛보라고 찍어 주면 먹어 보는 이들이 있고, 미소 지으며 고개만 끄덕여도 사 주는 외국 관광객들이 있지 않았던가.

누가 꿀장수 할아버지를 사기꾼이라 말 할 수 있겠는가. 그는 나름의 방식으로 가족들 생계를 책임지고 있는 가장일지도 모른다. 어쩌면 그의 능숙한 행동은, 아둥바둥 거리며 살다 여행을 온 외국 관광객들이 그들 삶의 방식을 제멋대로 해석한 결과일 수도 있다. 부자보다는 가난한 사람들이 많고, 문명의 혜택을 누리고 사는 이들보단 현대에 뒤떨어진 문화생활을 하는 이들이 많은 인도였다. 관광객들의 안일한 사고가 이들을 업신여기는 무모한 행태로 비춰지지 않았을까. 맑고 투명하게 담겨진 꿀병을 숙소 매니저에게 선물로 넘겨주며 입안에서 사르르 녹는 꿀맛을 상상해 봤다. 역시 달콤했다. 달콤함은 인도의 매력에 빠진 내 결정을 후회하지 않게 만든다.

하지만, 재능기부를 사칭해 내 마음을 흔들어 논 멋쟁이 신사의 행동을 인도 여행길에서 만났던 꿀장수 할아버지와 연관해 생각해 보니, 그 또한 실수였다. 상대방 의중은 상관없이 혼자만의 생각으로 그를 판단하지 않았던가. 아무 경계도 의심도 없이 맞장구를 쳐 준 내가 그에게 사기를 치도록 유도했을지도 모른다. 처음 만난 사람의 첫인상에서 그의 모든 됨됨이를 읽어 낼 줄 안다면 신으로 대접 받아야 마땅할 듯싶다.

평범한 사람들이야 어찌 처음 마주치는 이들을 분별해 상대할 수 있을까. 신의 경계로 가까이 다가가고 싶은 마음이 간절할수록 사람들의 삶의 방식은 변화하지 않을 수 있다. 인도에서는 자신의 일을 천직이라 믿어 온 계급 사회의 구조적 모순이 우리를 안타깝게 할 뿐, 그들은 적응하고 받아들이며 산다. 어쩌면 현실을 살아가는데 그들의 신은 팍팍한 경제논리보다 마음의 평정과 위안을 더 중요시 여기지 않았을까.

오늘, 나를 속인 노신사의 얼굴과 함께 인도 꿀장수 할아버지의 손짓이 자꾸 스치듯 떠오르는 이유가 무엇일까. 속았다 들끓는 마음을 재능기부 대신 적선으로 생각하면 그도 자비라 할 수 있으려나.

오래된 풍경

바람이 분다.

바람은 가로수 잎을 살짝 건드리고, 상가의 낡은 나무문짝을 흔들다 지쳤는지 내 가슴을 호되게 후려쳤다. 휘청거리는 몸뚱이 사이로 낯선 거리의 풍경들이 곤두박질친다. 움직이면 날아가 버릴지도 모를 환상은 두 다리에 억지로 힘을 보태며 서 있게 만든다. 수많은 사람들, 검은 피부색, 권위적인 위압감을 나타내는 콧수염, 유독 번뜩이는 큰 눈동자, 펄럭이는 바지 사이로 숭숭 털이 드러나는 종아리, 이방인을 위 아래로 곁눈질 하고 있는 남자들, 눈이 마주치면 황급히 얼굴을 돌리며 키득키득 웃는 화려한 원색의 옷차림과 액세서리로 치장한 여자들. 그들은 모두 인도 사람이 분명했다.

어깨가 마주칠 정도로 붐비는 콜카타 거리였다. 그곳에서 인력거의 숫자를 헤아리는 일은 어린이들에게 주어진 놀이에 불과했다. 자동차와 오토 릭샤와 인력거들의 행렬은 사람들과 뒤엉켜 북새통을 이루며 정신을 혼미하게 만들었다. 홀로 여행 책자 한 권만 달랑 들고 찾아온 인도가 아니던가. 수많은 신들을 모시는 나라에서 스멀스멀 온 몸을 감싸던 두려움과 설레임. 그 기대와 흥분은 나를 외로운 방랑자로 만들기에 충분했다.

그가 나를 걱정하다니 당황스러웠다. 떨어져 나간 단추 대신 옷핀을 꽂은 남자. 빠진 앞니 때문에 웃을 때면 칠순 노인네처럼 보이던 남자. 자전거 페달을 밟을 때면 맨발인 뒤꿈치가 반들거리던 남자. 자전거에 속도가 붙으면 베트맨의 망토처럼 휘날리던 그 남자의 구멍 난 숄. 내 기억 속 남자는 너 댓 살짜리 아들을 자전거 앞자리에 태우고 손님을 실어 나르던 깡마른 체구의 젊은 아버지였다.

한동안 콜카타 거리를 헤매는 내게 그는 저렴하게 이동을 도와 준 교통수단이었다. 숙소를 나와 릭샤꾼 대기 장소에서 순번을 기다리는 그를 처음 만났을 때였다. 그의 아들은 사람들과 시선을 마주치지 않고 아빠 뒤로 숨어버리는 불안정해 보이는 아이였다. 처음에는 낯선 이방인을 경계하는 아이의 보편적인 행동인 줄 알았다.

"예쁘다, 안녕?"

말을 걸어도 고개를 돌리며 외면하던 부끄럼 많은 아이였다. 아이 얼굴은 서너 살의 천진스러움 대신, 불안한 눈빛과 상처받은 마음으로 일그러져 있었다. 때가 꼬질꼬질 절어 버린 낡은 스웨터가 작은 아이의 가냘픈 몸을 감싸고 있다. 올 풀린 스웨터의 구멍 사이로 초겨울 바람이 휘릭 휘릭 찬 기운을 뿜어냈다. 아이의 표정은 아무도 상대하지 않고 믿지 않는 '불신'의 씨앗으로 옹이처럼 굳어져 있었다.

그는 아내가 자신의 친구와 바람이 나 집을 나가 버렸다고 했다. 가장으로서 무능함을 숨기지 못한 채, 자신의 분신인 아이만은 보살펴야 했다. 아이가 다섯 살만 되면 놀이방이든 유치원이든 보낼 수 있다고 했다. 아이와 함께 자전거를 끌 수밖에 없다고 말하는 순간에도 그의 손은 아이의 머리를 쓰다듬고 있었다. 어쩌면 나이가 적어 놀이방이든 유치원이든 보내지 못한다는 그의 말은 거짓말일 수 있다. 그에게는 아이를 위탁 시킬 돈이 없었을지도 모른다. 하루 종일 다리가 아프도록 페달을 밟아 번 돈으로 주인에게 자전거 임대료를 지불하고 난 후의 수입금은 그리 많아 보아질 않았다. 인도의 릭샤 제도는 그가 돈을 많이 벌 수 있게 도와주질 않는다. 계급이 존재 하는 인도에서 부자들이 독점하고 있는 운수업종에 릭샤꾼들이 독립적으로 자기 자전거나 릭샤를 갖는 일은 바위에 계란을 던지는 꼴이다. 아버지의 대를 이어 평생 같은 일을 대물림해야 하는 그들의 가난한 현실이 가슴 아팠다. 쉼 없이 자전거 페달을 밟고 있는 젊은 릭샤꾼의 등 뒤에서 어린 시절 아버지의 얼굴이 나타나 소스라치게 놀랐다.

  아버지는 가끔 외박을 하곤 했다. 외박을 하고 들어오는 날이면 아버지의 양손에는 과자 봉투가 들려 있곤 했다. 그런 날 밤이면 안방에서 들려오는 어머니의 고함 소리가 듣기 싫어 이불을 뒤집어써야만 했다. 부모님의 상황을 이해 못했던 어린 마음은 무작정 어머니를 미워하고 있었다. 아무 대꾸도, 소리도 없는 아버지가 불쌍해 보이기까지 했다. 왜 어머니가 역정을 내며 분통을 터뜨리는지 생각할 겨를도 없이 어린 마음은 과자를 사 들고 온 아버지 편이 되어 잠이 들곤 했다. 어릴 적 기억은 내 잠재의식 속에서 어른이 될 때까지 자리 잡고 있었다. 세월이 흘러 결혼을 하고, 아이 둘의 엄마가 된 후, 어머니의 고함에 대한 의문을 깨닫게 되었다. 싸움의 원인 제공은 언제나 아버지였고, 언성을 높이고 고함을 지를 수밖에 없었던 어머니의 행동은 아버지에 대한 사랑의 절규였다는 사실이다.

  콜카타에서 가난한 릭샤꾼의 부성애에 자꾸 관심이 갔던 이유도 아버지에 대한 기억임을 깨닫게 되었다. 어린 시절 아버지에 대한 잘못된 판단으로 어머니를 헤아려드리지 못한 경솔함 때문일까. 자전거 페달을 밟으며 달리는 중간 중간 아이에게 다정하게 귀엣말을 건네는 모양새가 정겨워 보였다. 바람이 나 가출한 아내의 잘못까지 자신의 무능함으로 치부해 버린 남자. 그 남자의 분신인 어린 아들이 언제나 아버지 편에 서 주었으면 하는 바람으로 부자 사이를 지켜봤다.

아이의 겁먹은 표정이 목에 걸린 가시처럼 따끔거려 급기야 작은 선물을 준비하게 되었다. 젊은 릭샤꾼에게는 차가운 바람을 견뎌줄 털장갑을 골랐다. 아이에게는 구멍 뚫린 겉옷이 눈에 밟혀 가볍고 따스한 털스웨터를 준비했다. 그들 부자에게 동정이 아닌 인도에서 만든 인연고리라 믿어 주었으면 하는 희망으로 선물을 주었다. 작은 꾸러미를 받아든 그는, 그들 특유의 인사법으로 고개를 좌우로 연신 저으며 고마워했다.

그 후, 짧은 순간 그는 활짝 웃으며 어디서 지키고 있다 나타나곤 했다. 외국인인 내가 걱정된다며 자꾸 낡은 자전거로 앞을 막았다. 아이도 살짝 고개를 든다. 털스웨터가 참 잘 어울렸다.

함피Hampi, 경계를 풀다

  그가 오토바이를 세웠다. 거칠게 내려서며 소리친다.
  "죽고 싶어요!"
  사방에 모래 바람이 흩어졌다. 먼지가 채 가라앉지도 않은 비포장 길에서 그의 얼굴이 시뻘겋게 울그락 불그락 그네를 탄다.
  "왜 그러는데?"
  내 질문에 그는 더욱 어이없다는 표정이다. 사방에서 자갈이라도 튀어오를 듯 씩씩 거리는 폼이 예사롭지 않다. 하지만, 난 방금 전 날아가 버린 내 모자에 대한 아쉬움에 미련이 남았다.
  "모자 찾아 줘!"
  그는 오토바이 뒤에서 내가 자신의 허리를 꽉 끌어안고

타지 않았다며 짜증을 부렸다. 방금 전, 뒤에 앉아 있던 내가 날아간 모자 때문에 몸을 뒤틀자 오토바이가 휘청거렸다. 순간적으로 일어난 반사 작용이었다. 방향이 흔들린 오토바이 주변엔 흙먼지만 춤을 출 뿐이다. 오토바이가 전복될 뻔 했다며 기차화통 같은 소리를 지른다.

성인이 되어 처음 타 보는 오토바이였다. 항상 승용차 운전만 하다 인도의 한 도시 함피Hampi에서 이륜차를 탈 줄 꿈이나 꾸었겠는가. 혼자 하는 배낭 여행길에서 그와 동행을 이룬 후, 오토바이 렌트를 했다. 그가 호기롭게 운전을 하겠다는 말만 믿고 난 편안하게 뒷자리에 앉아 있으면 되는 줄 알았다. 헌데 보기와 달리 뒷자리에서 몸을 꼿꼿하게 가누기가 쉽지 않았다. 달려드는 바람의 속도에 내 몸은 흔들렸다. 풍속의 압력 때문에 옆으로 쏠려 떨어질 것만 같아 나름 수평을 유지하느라 움찔거리면 그는 단발마를 내질렀다. 작은 돌이 숭숭 박힌 함피의 흙길에서 남자의 허리를 잡고 고개를 등에 파묻는 행위 자체가 내겐 낯선 일이었다.

그 때, '부릉' 시동 소리와 동시에 그가 혼자 쏜살같이 오던 방향으로 내달아갔다. 갑자기 저 행동은 뭐지? 머릿속이 복잡해졌다. 여행지에서 만나는 동행은 경계가 없어 편했다. 나이도 직업도 불문이다. 그냥 목적지가 같고, 방향이 같으면 차 한 잔 나누다 동행이 되기도 한다. 만났다 헤어졌다 다시 만나기도 하며 여행이란 공통어에서 소통을 하곤 했다. 이렇게 한 달 혹은 두어 달 씩 장기 여행 중에 만나는 동행은 더더욱 마음속 경계를 풀기 쉬워진다. 헌데 오늘 그의 행동은 은근히 불손함을 지닌 듯 해 불쾌감이 스멀스멀 온 몸을 타고 내렸다. 사방이 돌무더기 밖에 없는 황량한 길모퉁이에 나를 팽개쳐 놓고 설마 혼자 달아나 버리지는 않겠지. 스스로 위안을 삼았지만 불편한 속내는 그가 사라진 굽은 길을 바라보며 종잡을 수 없는 미로에 빠진 듯 허허로웠다.

그는 배낭 하나가 전 재산이라 했다. 뉴델리에서 카메라와 지갑을 소매치기 당한 후, 고가품이라곤 배낭밖에 없다고 했다. 모두들 위험하다고 하는 인도에서 여자 혼자 여행하느니 총각이고 십여 년은 연하이니 부담없이 안성맞춤이었다. 함피에 도착하는 날부터 은근히 그는 들뜨기 시작했다. 암반으로 둘러싸인 도시에서 풍겨 나오는 몽환적 분위기 탓일까. 자주 술을 마셨다. 술이 취한다 싶으면 히죽히죽 웃으며 쓸데없는 말을 뱉었다. '힐링센타'를 만드는 일이 소원이라 했다. 그 말을 들으며 어려서부터 가슴 속에 한이 많은 사람이란 느낌이 전해 왔다. 자기 마음속에 내재된 아픈 사연이 많기에 남의 아픔도 돌아보려 하는 걸까. 힐링센타를 운영하며 스스로 위안을 받고, 남에게 치유의 기회까지 줄 수 있다면 의미 있는 삶이란 생각이 들었다. 그가 인도에서 봉사를 일삼는 이유가 자기 치유를 원해서라면 매

순간이 소중할 수밖에 없다. 본인은 현재 처한 상황을 방황하는 삶이 아니라고 말한다. 하지만, 자신의 키 반 만 한 배낭 하나가 가진 재산의 전부라면 일정한 거처도 없으니 떠돌이 방랑자의 노숙 생활과 다를 바 없다. 늘, 45킬로의 배낭 안에 무엇이 들었을지 궁금했다. 아무리 자신이 처한 상황을 포장해 떠들어도 내겐 역마살로 인해 떠도는 '길 위의 방랑자'로 보일 뿐이었다.

함피에서 시간이 흐를수록 돌로 지어진 사원과 돌산과 맑은 강의 조화에 흠씬 빠져들었다. 어쩌면 돌의 마력에 끌려 이곳을 떠나지 못할 수도 있다는 감성이 나를 부추겼다. 부푼 기대를 안고 찾은 함피는 그동안 여행했던 도시와는 별천지였다. 마약과 히피들의 천국, 젊은이들이 꼭 가보고 싶어 하는 도시. 그런 자극적인 단어들이 아니라도 함피는 충분히 신경을 곤두서게 만들었다. 온 마을을 돌무더기가 꽃처럼 무리지어 피어있는 곳. 그 사이로 흩어져 있는 사원의 흔적들은 여행객들 발길을 잡고 놔 주지 않았다.

'승리의 도시'를 뜻했던 함피는 마지막 힌두 왕조인 비자야나가르Vijayanagar 제국의 수도였다. 왕국이 몰락한 이후, 1986년 함피에 산재한 기념물군은 유네스코가 지정한 세계문화유산으로 선정되어 관광객들을 맞이하고 있다. 두어 시간 전 지나왔던 비루팍샤 사원의 고푸람 모습이 가물거리는 비포장 길 위에서 어지럽던 정신을 가다듬게 만든다.

이쯤이면 저 친구와 헤어져 혼자 여행을 해야 할 때가 된 듯싶다. 퉁가바드라 강가에서 바구니 배를 탈 때도 그는 내게 잔소리를 해댔다. 뱃사공의 크고 검은 눈동자가 선해 보여 자꾸 시선을 멈출 때 였다. 인도 사람 너무 뚫어지게 쳐다 보지미라. 눈을 맞추면 사기를 당한다. 인도 남자가 주는 음료나 과자 받아먹지 말라는 등등 모두 빈정거리는 말투였다.

　오던 길을 되돌아 터벅터벅 걸으며 생각은 꼬리에 꼬리를 문다. 어제 마팅가 힐에서 선셋을 볼 때, 그는 감탄사를 뿜어대는 나를 향해 '부르조아'라는 구시대적 발언을 내뱉었다. 그 때는 그냥 무심코 흘린 말들이었다. 새삼 그의 말들을 곱씹었다. 갈피를 못 잡고 걷고 있을 때, 반대편에서 오던 한 무리의 인도 청년들이 나를 향해 다가왔다. 그들은 하얀 이를 드러내며 빙 둘러쌌다. 손짓으로 나를 가리키며 저희들끼리 알 수 없는 말들을 주고받는다. 뱅갈어도 힌두어도 한마디 알아듣지 못하는 난 갑자기 벌어진 상황이 당황스러웠다. 반복해서 그들을 향해 'Way?, What?'만 되 뇌였다. 영어를 할 줄 모르는지 그들과 소통이 되지 않았다. 그 때였다. 앞에서 뽀얀 먼지가 일더니 오토바이가 달려왔다. 급정거를 하는 그를 보고 무리가 흩어졌다. 그는 내게 빨리 타라고 외쳤다. 어리둥절하던 난 앞 뒤 잴 시간도 없이 오토바이에 올라 타 그의 허리를 양손으로 꽉 부여잡았다. 바람에 오토바이 손잡이에 매달려 있는 모자가 흔들렸다. 그건 분명 내 모자였다. 그의 숨소리가 아주 가까이에서 코끝을 간지럽힌다.
"이러니 잠시도 쌤을 혼자 놔 둘 수가 없어요."
"저 애들 왜 그랬지?"
"쌤하고 함께 사진 찍자고 하는 거겠죠."
"정말?"
또 이렇게 그에 대한 경계를 풀었다.

함피Hampi에서 전생을 만나다

신천지.

사방이 돌무더기 투성이다. 이리저리 둘러봐도 생소하다. 인도 여행 중, 만나는 이들마다 함피hampi를 추천해 주었다. 불교 성지나 힌두교 성지보다 배 이상 매력이 숨어 있는 곳이라 했다. 많은 기대를 하고 도착한 거리에서 두리번거리다 사람들이 많은 쪽으로 당당하게 발길을 옮겼다. 애초부터 계획을 세우고 떠나온 여정이 아니었기에 숙소를 찾아야 한다는 생각만 갖고 터덜터덜 흙먼지를 뒤집어쓰며 걸었다. 헌데 묘하다. 이상하다. 눈에 들어오는 풍경은 돌무더기뿐인데 삭막하지가 않다. 더구나 과거에 이곳에서 살았던 듯 낯설지 않다. 돌산 저 먼 곳에서부터 달려오는 바람조차 나를 환송해 주는 듯 포근하다.

강 건너 마을에 숙소를 잡아야 조용하고 편하다는 말을 수차례 들은 터였다. 퉁가바드라강의 유속을 바라보며 배를 기다렸다. 원숭이 서너 마리가 내 주변을 어슬렁거렸다. 녀석들도 키 작은 동양 여자는 만만한 나그네임을 눈치 챈 듯싶다. 던져 줄 먹이도 하나 없는데 자꾸 녀석들과 눈이 마주친다. 반사적으로 소매치기 당할 물건이 있을까봐 얼른 풀어 논 배낭과 보조 가방을 움켜졌다. 원숭이들은 일정한 거리에서 경계를 풀지 않고 탐색전을 벌인다. 녀석들에게 들켜버린 속마음이 갈등을 일으켰다. 가진 것 없는 그들에게 내가 가진 배낭의 무게만큼 집착하는 행동이 더 만만해 보이지는 않았을까. 원숭이에게조차 가진 것을 빼앗기고 싶지 않은 마음은 어쩌면 현재를 살아가는 내게 당연한 일이다. 하지만, 자비와 사랑을 가르치는 신들의 나라에서 내 행동이 낯설어 보일지도 모른다. 그때였다. 이곳저곳에서 먹잇감을 쫓느라 분주한 원숭이들 사이로 꿈결처럼 환영이 스쳐 지나간다. 비단 옷을 입고 머리에 꽃을 얹은 공주의 모습이 나를 바라보고 웃는다. 그녀는 손짓을 하며 나를 비루팍샤Virupaksha 사원으로 안내했다. 사원 입구로 들어갈 수 있는 고푸람의 위풍당당한 위엄이 두 눈을 사로잡는 순간, 그녀는 사라졌다.

비루팍샤는 함피에 산재해 있는 고대 유적 중 가장 보존이 잘 된 사찰로 알려져 있다. 돌무더기와 폐허가 된 유적들은 과거 찬란했던 비자야나가르 왕국을 떠올리게 만들었다, 끝없이 펼쳐진 푸른 농경지와 야자수는 남인도의 멋을 한껏 뽐내고 있다. 이곳에서는 14세기경 돌무더기 사이에 왕국을 만들고 살았을 이들의 환생을 보는 듯, 사리를 입은 여인네의 고운 자태가 자꾸 마음을 헤집는다. 그녀는 북쪽에서부터 막강한 화력으로 밀고 내려온 무슬림제국에 의해 멸망한 바자야나가르 왕국의 후손일지도 모른다. 아니면 무슬림의 후예거나 전쟁으로 인해 생긴 혼혈일지도 모를 일이다. 외세의 침략이 빈번했다 해도 함피에 살던 사람들의 후손이 모두 사라지진 않았을 일이다. 지천이 돌무더기 투성이라도 농사지을 땅이 있고, 퉁가바드라강이 마을을 가로질러 흐르고 있다. 물이 흐른다는 사실은 언제나 생명을 이어갈 수 있는 기회가 제공된다는 셈이다. 그러기에 강가를 중심으로 도시는 항상 번성해 오지 않았던가.

고대와 현대가 교차하는 인도에서 단순한 논리가 피부에 와 닿는다. 그 이유는 살아서 숨 쉬고 있다는 현실감 때문일지도 모른다. 이 땅에서 오랜 세월 생명을 유지하며 살아왔을 사람들과 여행객이 서로 얽히고 섞여 오늘날 함피는 존재하고 있지 않은가.

돌로 만들어진 유적 안에 보관되어 있던 귀중품이나 유물들은 침략자에게 약탈당해 찾아 볼 수 없다. 그러나 돌로 만들어진 건물까지 약탈하거나 불태우지 못했으니 그곳에서 자손대대로 신을 섬기며, 삶의 터전을 일궈 오지 않았던가. 수백 년 전 존재했던 비자야나가르 왕국 건물 일부가 광장 혹은 시장터로 변해 버렸다. 페인트칠이 되어 상가로 바뀌었고, 허물어진 곳은 돌의 생김새를 따라 보수해 관광객을 맞이한다. 번성했던 조상들이 후손들에게 남긴 유산치곤 그 쓰임새를 비난할 아무도 없다.

함피에 몸과 마음이 섞일수록, 돌이 주는 매력과 함께 신들의 나라에서 만나는 사람들의 일상이 자꾸 마음을 어지럽혔다. 돌이 주는 차가운 느낌과 단단한 형태. 움직이지 않는 우직함까지 모두 물적 양적 당위성을 지닌 듯해 함피가 더욱 정겹게 느껴졌다. 사리를 길게 늘어뜨리고 물동이를 머리에 이고 지나가는 여인의 얼굴이 웃고 있다. 그녀는 오똑한 콧날과 시원스레 큰 눈을 지녔다. 까무잡잡한 피부색은 그 옛날 번성했던 왕국의 위엄을 당당하게 보여 준다. 여러 신들을 섬기며 가는 곳마다 예를 갖추는 그네들의 신심에서 우러나는 행동이 간절하게 마음에 와 닿는다.

누구에게나 자신에게 맞는 일이 있거늘 남의 영역을 넘보지 않고 성실하게 고향을 지키며 살아온 이들의 흔적이, 차곡차곡 바람구멍을 만들며 쌓아 올려 진 돌담에 머문 듯싶다. 바람 길을 만드는 돌 틈을 지나 마을을 가로질러 강가에 멈춘 삶은 살아 있는 자체를 축복한다. 덕분에 거센 비바람이 몰아쳐도 돌은 언제나 제자리를 지켰다. 사람들도 그러할까. 돌에 대한 내 집착은 함피에서도 예외는 아니다. 선셋을 감상하기 적당한 마탕가힐에서도 폐허가 된 유적지 사이사이로 한적한 시골 풍경이 슬프도록 아름답게 느껴져 자리를 뜨질 못했다. 저녁놀이 돌들을 검붉은 장미꽃처럼 핏빛으로 물들였다. 석양의 기운을 받아 붉어진 함피 돌들은 신을 지키며 묵묵히 자존심을 키워 왔으리라.

시간이 흐를수록 폐허 속에서 석양빛을 받은 바위꽃은 환생의 흔적들로 변해 갔다. 붉은 돌 위에 누워보니 비자야나가르 왕국의 공주 모습이 또 다시 환영처럼 스친다. 그녀는 나를 닮은 내 전생일까. 아니면 카르마karma일까?

그 해 너머
꿈이 아니라 더 아프다
느리게 살아가는 일
디지털 시대의 아이들
별을 찾아가는 행복 메시지
서로 다른 교집합들의 행진곡
엘리베이터 앞에서
오늘, 하루만
피자 먹는 여우
할머니와 금비녀

그 해 너머

삐삐로 연락을 하던 시절.

시간은 언제나 나를 속였다. 약속다방에 앉아 속절없이 DJ만 쳐다보며 기다렸다. 현란한 음악다방 한 쪽 벽에 동그란 벽시계가 보기 좋게 걸려 있다. 시계와 눈이 마주치면 자존심이 폭삭 뭉그러져 내려 앉을 듯싶어 애써 외면했다. 5분쯤 지났겠지. 아니야! 내가 약속 시간 보다 5분 빨리 도착 했으니 10분은 지났을 거야. 열 셀 동안 나타나지 않으면 일어나서 가야 해. 마음 속 초침은 느리게 소리를 냈다.

"금방 올 거야, 기다려!"

'째깍째깍' 머릿속에서 더 느리게 시계가 움직였다. 음악에 맞춰 발을 구른다. 이 곡이 끝나도록 오지 않으면 난 간다. 되 뇌일 때 쯤, 언제나 그는 다방 문을 밀치며 들어서곤 했다.

 연애시절. 1분의 기다림도 그에게 허용해 주고 싶지 않았다. 도도한 척, 마음을 들키고 싶지 않은 이십대의 오만은 늘 없는 시계를 탓했다. 손목시계가 없어서 버스 시간을 놓쳤어. 시계가 없어서 늦잠을 잤지. 그렇게 핑계를 대는 날이 많아져도 그는 웃었다.

 "이 달 월급 타면 예쁜 손목시계 선물 해 줄게."

 그 시절, 나를 지배하던 화두는 '느리게 살자'였다. 느긋하게 살려면 시계 따위는 필요없다며 객기를 부렸다. 시계를 탐하면 욕심을 부리게 되고, 욕심은 화를 부르니 시간에 노예가 되지 말자. 어리석은 내 역설에 번번이 그의 말은 무시당해야 했다. 내세울 변변한 자격증도 소지 하지 못한 채, 이력서만 들고 다니던 한가로운 시기였다. 하지만 직장을 다니던 그는 바쁜 틈틈이 연애 상대가 되어 주느라 시간을 쪼개며 분주하게 다녔다. 입으로는 서두르지 않고 느긋한 삶을 살겠다 말했으나, 정작 그와 만날 때마다 뾰족한 자존심이 날을 세우곤 했다.

 학교를 다니는 내내 그 흔한 손목시계 하나가 없었다. 여름날, 짧은 옷을 입은 친구들의 손목에는 예쁜 시계가 햇볕을 받아 반짝 거렸다. 중학교, 고등학교, 대학교 입학 선물 운운 하던 친구들의 시계를 찬 손목은 볼수록 하얗게 빛을 발했다. 하지만, 언니와 동생들 사이에서 일찍 철이 들어

버린 나는 처세술에 능했었나 보다. 부모님에게 내가 갖고 싶은 물건을 사 달라고 졸라 본 기억이 없다. 대신 이해하기 힘든 괘변으로 알량한 속내를 감추기에 바빴다.

어느 날 그가, 살바도르 달리의 〈기억의 지속〉이란 그림 화보를 보여 줬다. 그림을 보는 순간, 초현실주의란 말만으로도 충격이었다. 달리의 그림 속에는 잎 떨어진 마른 나무줄기에 시계가 젖은 빨래처럼 축 늘어져 있었다. 뜨거운 태양을 견디지 못해 녹아내리듯 흐느적거리는 시계들이 별나라에서 온 외계인처럼 널브러져 시선을 자극했다.

"달리 그림 좋아할 듯싶어서…."

그는 내 위선적인 속성까지도 눈치 채고 있었던 듯싶다. 천천히 느림보 거북이처럼 사는 일이 내 생활신조라기보다 시계 하나 살 주변이 되질 않았다. 부모님께 선물 받거나 조르거나 하기엔 이미 나이를 먹어버렸다는 사실을 그는 알고 있었나 보다.

그는 열심히 달리 그림을 설명했다. 달리와 아내 갈라의 심장을 활활 태우는 듯한 사랑이야기를 들려주며 목소리의 톤이 올라갔다. 남편이 있는 갈라를 아내로 맞이하며 달리는 그녀에게 정신적인 위안과 평안을 느꼈다고 한다. 한 여인을 삶의 지지대로 의지하며 순수 예술혼 자체를 불태웠다고 이야기 할 땐 말이 빨라졌다. 그들의 열정과 순정이 결실을 맺어 유명한 작품들이 탄생했고, 달리의 지고지순

한 갈라에 대한 사랑은 자신의 마음과 동일하다 했다.

그림 속 오브제가 상징하는 뜻들이 무의식의 세계를 현실 세계로 무한정 이끌어 내고 있다. 마치 꿈속 세계를 흑백 카메라로 찍어 인화한 사진처럼 부드럽게 가슴을 파고든다. 시간은 기억의 흐름을 영원히 지켜내는 일이라고 시계들은 외치다 못해 지쳐버린 듯하다. 사각의 틀 속에 갇혀버린 공간은 머릿속에서 무한대의 장소를 연출하고 있다. 여기저기 널려있는 시계 속 시간들은 기억만 내장하고 있지 않은 채, 미래의 시간까지 저당 잡고 있는 듯 보였다. 공간과 세월의 모호한 의미가 시나브로 겹쳐졌다.

시계가 말하는 시간의 속성을 정교하게 그려낸 달리의 예술성이 볼수록 흥미로웠다. 꿈꾸는 듯 몽롱한 그림 속 분위기는 부도덕한 사랑을 쟁취한 괴팍한 예술가의 혼이 서러움으로 표현 되었는지도 모른다. 갈라를 모델로 하며 달리가 꿈꾼 현실은 시계의 바늘 침이 가리키는 숫자와 소리의 향연으로 빨려들어 가는 세월의 흔적이었다. 그의 이상과 소원은 작고 소중한 기억들의 교집합이 모여 하나를 이루는 세계였다. 이야기를 들을수록 몸 전체를 휘감는 신선한 충격이 부르르 전율을 일으켰다.

내 반응이 달리의 그림과 합을 이루는 낌새를 그가 느꼈을까. 작은 꾸러미 하나를 슬그머니 내 놓았다.

"월급을 탔거든…."

작고 앙증맞은 큐빅이 테두리에 원을 그리며 눈부시게 빛나고 있는 손목시계였다. 드디어 혼돈의 시기를 보내던 한 여자의 시간들은 소중한 선물에 멈춰 버렸다.

1986년 그 해로부터 함께 한 시간이 꼭 삼십이 년째다. 사랑은 시간을 타고 기억을 저장한 채, 달리처럼 내게 머물러 있다.

꿈이 아니라 더 아프다

키 153센티미터. 몸무게 45킬로그램.
얼굴은 내 주먹만 하다. 그래서일까 상대적으로 작아 보이는 키다. 진한 쌍꺼풀을 지닌 두 눈은 깊게 호수를 만든다. 눈썹을 깜빡거릴 때마다 눈동자가 흔들린다. 정지 되지 않은 흔들림은 두려움이거나 고통을 반사하고 있다. 어쩌면 남을 의심할 줄도, 속일 줄도 모르는 그녀만의 천성 일 수 있다. 아니면 부탄인들 모두의 선천적 기질일 수도 있다. 그들은 자신들의 상황을 당연히 받아들이는 데 익숙해져 있는 듯 보였다. 순응하는데 절대적인 부탄 사람들은 부처님의 가르침을 따르느라 '자비'가 온몸에 배어 있을지 모른다.
내가 페마를 다시 만난 곳은 갈증을 풀기 위해 들린 푸나카의 한 주점에서 였다. 키라Kira를 곱게 차려 입고 무대 위에서 노래하는 그녀의 표정이 너무 우울해 보였다. 테이블로 청해 맥주 한 잔을 권했다. 하지만 그녀는 술을 마실 줄 모른다며 수줍은 미소로 현금을 원했다. 당황하는 나를 물끄러미 쳐다보던 그녀의 시선이 한 쪽 귀퉁이에 꽂혔다. 고개를 돌린 내 시야에 갓난아기를 안고 있는 허름한 옷매무새의 노인이 잡혔다. 그 옆에는 예닐곱 살 정도 되어 보이는 남자 아이가 노인의 옷자락을 잡고 잔뜩 겁먹은 듯 주춤거리고 있다. 순간, 낮 동안 푸나카 종에 빠져 황홀 했던 내 머릿속이 어지럽게 꼬여 들었다.

푸나카Punakha는 부탄의 옛 수도로서 아름답기가 제일이라는 푸나카 종Punakha Dzong이 모추와 포추 강이 만나는 중심에 자리하고 있는 평온한 도시이다. '모'는 '어머니' '포'는 '아버지'를 '추'는 '강'을 뜻한다. 아버지강과 어머니강이 서로 만나는 풍요로운 곳에서 푸나카 종은 은둔의 나라, 신비의 나라를 대변하듯, 감탄사를 내뿜게 했다. '종'이 붙은 부탄 사원은 불교사찰인 동시에 정치와 행정을 하는 장소로 적의 침략을 막기 위한 요새의 기능까지 지닌 독특한 공간이다. 한나절 사원을 둘러보며 나무로 짜 맞춘 건축 양식도 흥미로웠지만 경내에 있는 아름드리 보리수나무에서 눈길을 뗄 수 없었다. 사찰 순례를 온 불교 신도는 아니지만 부처님의 흔적 속으로 빨려 들어가는 새로운 경험에 온 몸은 자꾸 긴장 되었다. 더구나 이곳 푸나카 종에서 마주친 보리수나무는 내게 지난밤 꿈을 예시하려는 듯 유혹의 손길을 보내 왔다. 보리수나무는 넓은 마당을 그늘로 가득 채워 주고 있어 사원을 찾은 이들의 쉼터 역할을 톡톡히 하고 있었다. 특히 나를 사로잡은 한 여인에게서 눈길을 뗄 수 없었다.

여인은 아이를 안고 보리수나무를 수십 바퀴째 돌고 있다. 지칠만도 한데 간절히 바라는 그 무엇이 있어 기도를 하는 걸까. 아니면 습관적으로 사원에 들렸으니 탑돌이를 하듯 보리수나무 언저리를 돌고 있는 걸까. 자그마한 체구의 여인은 키라 대신 낡아서 소매가 손목을 덮은 털로 짠 쉐타를 입고 있었다. 앳된 얼굴과 달리 품에 아기를 안은 모습은 수월관음도에 나오는 관세음보살을 닮았다. 푸나카 종의 분위기에 매료된 탓인지 여인에게서 풍겨 나오는 알 수 없는 힘이 내 발길과 눈길을 가로막았다. 그녀의 뒤를 바짝 좇으며 나도 함께 보리수나무를 돌았다. 왠지 그녀는 전생에 나와 인연이 있는 인물 같아 보였다. 어머니와 딸, 아니면 원수 사이였거나 빚을 진 관계 아닐까. 어처구니없는 상상을 할 때쯤 그녀는 내 시야에서 서서히 사라졌다.

페마는 분명 푸나카 종에서 아기를 안고 보리수나무를 돌던 여인이었다. 스스럼없이 아기를 건네받고 가슴을 풀어 젖을 물리는 그녀의 행동은 당당해 보였다. 친정아버지라는 노인은 손주와 함께 익숙한 일인 양 누런 이를 내보이며 어정쩡한 웃음을 지었다. 푸나카 종에서 보았던 그녀의 이미지가 강하게 겹쳐지면서 통역에게 많은 질문을 던지고 말았다. 페마는 관광객인 내게서 경계를 푸는 듯, 엷은 미소를 지으며 말했다.

"아이가 셋이예요."

두 아이의 아버지인 남편은 교도소에 있다. 아이들과 생활하려고 밤이면 술집에서 노래를 부른다고 했다. 두 아이와 아버지가 다른 갓난아기는 자신의 업보라며 눈시울을 적셨다. 시간이 흐를수록 빚은 쌓이고, 이 생활을 청산하고 싶어도 전생의 업 때문에 친정 살림까지 맡아서 책임져야 한다고 말하는 입가가 흔들렸다. 스물여섯 살의 페마가 감수해야 할 전생의 고리가 들을수록 깊고 험난해 보였다.

행복지수 1위인 불교국가에서 전생의 업을 믿기에, 화류계 생활로 연명하는 사람들이 있다니 놀라웠다. 가장이 없는 집안을 꾸려나가기에 필요한 돈을 벌기가 쉽지만은 않을 터였다. 막달라 마리아를 예수님께서 거둬 주었듯 그녀가 선택한 길을 부처님도 자비로 받아 주실지 의문이 들었다.

"지금이라도 친정이 있는 시골로 내려가 세 아이와 살고 싶어요."

진정 그녀의 소원은 소박했다. 한 달에 삼십 만 원정도의 수입으로 부모님과 아이들이 연명하며 산다. 술집에서 일하는 딸에게 손주 젖을 먹이기 위해 기웃거리는 노인의 처세가 답답하고 한심해 보였지만 그들의 몫이었다. 큰아들은 뭇 남성들에게 희롱 당하는 엄마를 지켜봤을 수도 있지 않은가. 풍전등화의 삶을 영위하는 가족에게 푸나카에서 살기에 행복하냐고 묻는다면 너무 잔인한 고문 아닐까.

"주인한테 빚이 4백 만 원 있어요."

돈 4백 만 원에 젊음을 저당 잡힌 페마였다. 그 빚은 친정아버지가 빌려 쓴 돈이 대부분이었다. 더 이상 듣지 않아도 그동안 그녀가 살아온 굴곡이 파노라마로 그려졌다. 대승불교를 숭앙하는 나라에서 생활고로 인해 지치고 찌든 스물여섯의 페마에게 행복은 어떤 그림일지 궁금했다.

"내가 빚을 갚아주면 시골 내려가 살겠어요?"

속절없이 꿈속에서 본 여인을 페마로 인정하고 있는 난 누구인가. 그 금액은 내게도 큰 돈 이었다. 바람이 실어다 주는 부처님의 연기緣起설을 굳게 믿는다는 페마. 시간 날 때면 찾는다는 푸나카 종의 보리수나무 아래에서 그녀가 꾸는 꿈은 과연 존재할까.

느리게 살아가는 일

한가롭게 산림욕장을 걸어보는 일.
그동안 바쁘다는 핑계로 잊고 산 지 까마득하다. 동네 가까이에 있는 낮은 산조차 한 폭의 산수화인양 곁에 두고 바라보기만 했다.
가을바람 속으로 우수수 비가 뿌렸다. 겨울을 재촉하는 스산한 빗줄기다. 밤새 더 샛노래진 은행나무 이파리들이 빗소리에 놀라 후두둑 떨어져 뒹군다. 불현듯, 제 멋대로 쌓여 버린 은행나무 잎을 밟으며 천천히 느리게 걷고 싶은 충동을 느꼈다. 비에 젖어 축축해진 나무이파리들이 아프다고 소리도 못 내지를 테니 안성맞춤인 기회였다. 바람에 이리저리 휘어지는 나뭇가지들의 한가로운 분위기는 시간에 쫓겨 서두르지 않아도 좋다는 암시다. 긴장감과 경계심을 모두 버리고, 정지 시킬 수 없는 시간 속으로 느긋하게 걸어 들어가 보는 일 또한 욕심 부려 볼만한 행동이다. 더불어 구속받지 않는 자유로움도 누릴 수 있어 좋지 않을까.

어릴 적부터 나는 달리거나 걷는 일을 별로 좋아 하지 않았다. 운동 신경이 둔했던 탓에 체육시간조차 여러 이유를 대며 빠지기 일쑤였다. 성인이 되어가면서 뼈마디가 정상적으로 자리 잡았으니 행운일 수밖에 없다. 나이를 먹고 중년 고비를 넘어 서는 찰라까지 걷기 보다는 차량를 타고 다니는데 더 익숙해져 있다. 그러니 한적한 숲에서 좋은 공기를 마시며 명상을 즐길 기회도 갖지 못했음은 당연지사이다. 쫓기는 일상에서 시간을 버는 게 돈이라는 속물근성이 언제나 나를 지배하고 있었다 해야 옳을 일이다. 여유롭게 노래를 흥얼거리며 낙엽 떨어진 보도 위를 걷는 다거나, 단풍이 물든 가을 산행을 즐기는 일조차 상상에 불과했다.

그런데 요즘 들어 부쩍 걷고 싶어 졌다. 도심 한가운데를 천천히 쉼 없이 걸어 보고 싶은 유혹은, 가을 햇살처럼 현란한 설레임으로 내게 다가 왔다. 수많은 사람들의 뚜벅대는 발걸음 속에서 '바쁘다'와 '빨리'에 익숙해 져 있는 난 조급증 환자임이 틀림없다. 느리게 걸으며 사방을 둘러 볼 줄도 모르고, 뒤를 돌아보는 일 또한 낯설기만 하다. 빠름보다 더 빠르게 머릿속을 휘 젓는 사건들이 반 박자 쉬었다 들어가는 엇박자의 리듬처럼 온 몸을 감싸 안는다. 보이지 않는 지인들과 함께 호흡하며 급하게 보폭을 맞추어 나가는데 익숙해진 내 모습은 변화한 상가 진열장에 전시되어 있는 박제된 인형과 흡사했다. 비웃고 있는 듯한 표정 속으로 그동안 살아 온 삶의 흔적들이 꼬리를 물고 나타났다 사라졌다.

얼마 전 일이다. 가족들과 여름휴가를 간 곳이 강원도 삼척에 있는 작은 해수욕장이었다. 수상보트로 신나게 파도타기를 즐기고 내리려는 순간, 발을 헛디뎌 발가락 두 개가 부러지는 사고를 당했다. 급하게 응급처치를 했지만 깁스를 감고 두어 달 삼복더위와 씨름을 했다. 부러진 발가락의 통증도 견디기 힘들었지만 무엇보다 걸음을 걸을 수 없는 불편은 참아내기 힘들었다. 목발에 의지해 천천히 한 발씩 내딛다 보면 어깨도 아프고, 다치지 않은 나머지 한쪽 다리에 힘이 보태져 피곤함은 배가 되었다. 어느새 인내심은 바닥을 드러냈고, 자연스레 매사가 느려 질 수밖에 없었다. 그동안 살아오면서 느껴 보지 못한 불편함이었으니 새삼 '장애체험'과 더불어 '느림의 미학'을 경험할 수 있는 기회였다.

나이를 먹다 보면 자연적으로 온 몸의 뼈가 어긋나기 시작한다. 마디마디가 삐그덕 거리며 석류 알갱이 벌어지듯 고통이 동반됨을 막을 수 없다. 누구나 건강 할 때는 잘 모르고 지나쳤던 일들이 본인이 직접 겪어 보면 절실함이 배가 된다. 깁스를 한 다리로 목발을 짚고 다녀야 하는 답답함을 겪고서야 평생 장애를 안고 살아가는 이웃들에게 관심을 가질 수 있었다. 마음은 빨리 걸을 수 있을 듯싶어 목발만 내딛다 보면 한 뼘 되는 거리에서 뒤뚱거리기 다반사였다. 성큼 떼어 놓을 수 없는 발 때문에 기우뚱 중심을 잃고 한숨을 내쉬곤 했다. 본인 의사와 관계없이 느림보 거북이 마냥 천천히 걷는 행위가 얼마나 힘든 일인지 비 장애우들은 알 수 있을까. 이번 사고로 인해 두 발로 자유롭게 걸어 다닐 수 있는 일이 행운임을 알게 되었다. 건강한 신체에 대한 고마움이 마음 한켠에 오롯하게 쌓여 자만하지 않는 삶을 살아야겠다고 소원하게 되었다.

흔히 이야기하는 '산책'이란 단어를 동경만 하며 살았던 내가 아니었던가. 식후에 가까운 거리를 천천히 걸으며 소화도 시키고, 신선한 공기도 허파에 가득 채워 넣을 수 있다면 신선도 부럽지 않으리라. 더구나 산책을 하며 한가로이 담소를 나눌 수 있는 지인이나 친구가 있다면 디지털 시대를 살아가는 우리에게 가장 호사스런 일이 아닐까 싶다. 뜻 맞는 친구와 나눌 수 있는 이야기의 종류가 무엇이든 함께 시간을 공유 할 수 있다는 기분만으로도 충분히 만족할 일이다.

누구나 알면서도 실천하지 못하며 살고 있다는 후회스런 생각보다 한 걸음 멈춰 서서 뒤를 돌아보면 어떨까 싶다.

결국, 느리게 산다는 일은 남에게 지탄 받을 일도 아니요, 상대방을 귀찮게 하는 일도 아니며, 남보다 정신적 풍요를 누리며 자신만의 자존을 지켜도 무방한 삶이라 할 수 있지 않을까.

디지털 시대의 아이들

'우리 11시에 그 카페에서 만나요.'
이즈막 나는 시간만 있으면 카페에 들리곤 한다. 아침, 저녁 하루에 두 번 이상 카페에 가서 친구도 만나고, 지인들도 만나 수다도 떨고, 열띤 토론도 벌인다. 김이 모락모락 오르는 차 한 잔을 앞에 놓고 이야기를 나누다 보면 시간 개념이 사라져 버리기 일쑤다. 돈을 들이지 않아도 되는 카페에서 마음 맞고, 뜻 맞는 지인과 함께 할 수 있는 즐거움이란 김삿갓의 풍류에 뒤지지 않는 나만의 망중한 아니겠는가.

또 카페에서 딸아이에게 편지를 보내는 일도 잊지 않고 한다. 엄마의 편지를 받아 보고 깜짝 놀랠 아이의 표정을 상상만 해도 재미있어 입이 벌어진다. 이제는 훌쩍 커 버린 아이가 저 혼자만의 세계에 빠져 엄마는 의사소통이 되지 않는 구시대의 유물로 치부해 버려 야속할 때가 있다. 그래도 노력하며 애 쓰는 엄마의 모습이 보기 좋은지 열심히 답장도 주며 짖궂은 장난도 서슴없이 한다.

요즘 들어 인터넷 사이트를 통해 카페를 자주 들락거리면서부터 당혹스런 경우를 종종 겪게 되었다. 딸아이에게 많은 것을 배워 웬만한 기능은 모두 알고 있다 싶었는데 낯설고 생소한 단어들에 부딪칠 때마다 국어 실력에 한계를 느껴야만 했다. 산업화 시대를 넘어서 정보화 시대로 치닫고 있는 이즈막. 정보 마인드, 정보문화, 전략 정보 시스템, 정보 모니터 시스템, 기업정보전쟁 등등 들어 보지 못했던 낯선 용어들이 21세기를 살아가는 우리들의 인격을 포장하고 있는 듯싶다. 현대는 세계적으로 디지털 문화가 주도하고 있다 해도 과언이 아니라 본다. 정보화 자체가 야기하는 문제들로 인해 인간성의 억압과 훼손 또한 무시할 수 없게 되었다. 그 중 하나가 새롭게 의사소통의 수단으로 사용 되고 있는 컴퓨터 통신 언어가 아닐까 싶다.

'컴맹'이라 놀리는 딸의 말이 무색할 정도로 나는 그런 통신 언어에 익숙하지 않아 촌스런 엄마로 통한다. 그러나 딸아이가 일상어에서 쓰던 은어나 속어를 자연스럽게 컴퓨터 용어로 사용하고 있으니 당혹스러웠다. 채팅이나 게임

도중 문자로 대화할 수 있는 특수성으로 인해 맞춤법에 맞지 않는 표현들을 자주 쓰고 있는 점이다. 그러한 방법이 바람직하지 않다고 판단하는 내 고루함도 문제겠지만, 어린 학생들에게 국문법 파괴에 대한 혼란을 야기 시키지 않을까 하는 우려가 앞선다.

컴퓨터상에서의 통신이 상대방의 질문에 빨리 대답해야 하기 때문에 간결하고 축약된 단어 사용까지야 이해가 간다. 하지만 '빨리 빨리' 급하게 서두르는 우리 문화 습관과는 상관없을지 궁금하다. 기다리는 일에 익숙하지 않은 우리 민족의 정서 탓이거나 조급함 때문에 간결한 언어를 선호하는 것은 아닌지 곱씹어 생각해 보게 되었다. 딸아이의 답장 행간 마다 익살스럽게 그려져 있는 이모티콘의 모양을 보면 재치 넘치는 발상이 재미있고, 신선하기도 하다. 답답하고 우울한 일이 있을 때 그 모양새와 눈을 맞추다 보면 파안대소가 절로 쏟아져 나왔다. 아이의 유행에 민감한 어휘나 유머를 대할 때면 능숙하지 않은 타자 실력으로 완결어미를 늘어놓고 있는 내 자신이 축 늘어진 빨랫줄과 다를 바 없다. 하지만 왠지 자꾸 파괴 되어 가고 있는 우리말의 실태가 현실로 다가오면서 아끼고 지켜야 할 문화는 지켜져야 한다는 점에 비중을 더 두고 싶다. 부적절한 언어 사용으로 인해 전통과 질서가 무너지는 일은 아닐까. 자라나는 청소년들의 국문법 이해에 저해 되는 요소는 없는가. 한번쯤 의문을 제기해야 되지 않을까 싶다.

　자라나는 아이들과 세대차이이거나 커뮤니케이션의 단절이 있다 하더라도 우리 국어를 올바르게 계승하며 지키는데 표를 던지고 싶다. 빠른 시간을 요하며, 급변하고 있는 사회 리듬이지만 올바른 언어 사용은 우리 아이들의 바람직한 인격 형성에도 도움을 준다고 본다. 언어는 생명력이 있어서 끊임없이 변하고 발전한다고 한다. 언어가 그 시대의 상황을 잘 표현해 주고 있는 건 사실이다. 그래서 인터넷을 사용할 때 문법에 맞는 말을 모두 적는 행위가 시간적으로 낭비일수는 있다. 언어 장애를 돕기 위해 수화가 생겨났듯이 채팅을 위한 단축어가 필요할 수도 있다. 그런 필요에 의해 저급한 언어가 마구 통용 되고 그것을 사용하는 우리 청소년들의 분별력이 저하 된다면 결과에 대한 책임은 어른들의 몫으로 남게 될 일이다.

　똑똑, 쪽지가 날아 왔다.

　"아~뇽, 방가, 방가"

　이모티콘이 활짝 웃으며 다가온다. 할 일 없이 열어 놓은 내 카페에 손을 흔들며 반가운 손님이 찾아 왔다. 이제 나도 그 정도는 알아 볼 수 있다 싶은데 꾸물거리는 사이 짧은 메시지가 또 뜬다.

　"냉~무"

도무지 모를 말이다. 무슨 뜻일까. 고개만 갸우뚱 거리는 나는 역시 촌스런 엄마였다.

별을 찾아가는 행복 메시지

"별 따러 갈 분을 찾습니다."
느닷없는 별타령에 지인들은 놀랜 듯했다.
"별 어떻게 따요?"
급작스런 제의에 호기심을 보여 준 일곱 명의 일행과 함께 금요일 오후 4시경 서울에서 진천을 향해 출발했다. 우주를 품을 기세로 당당한 우리들의 행보에 놀랬는지 언제나 정체 구간이던 서해안고속도로조차 훤하게 길을 뚫어 주었다. 한국SGI 진천연수원은 길이 48Km를 자랑하는 초평호가 넓게 펼쳐진 곳에 자리하고 있었다. 예로부터 '살아서 진천生居鎭川'이라 불릴 정도로 천혜의 자연환경과 후덕한 인심을 자랑하던 곳 아니던가. 그러한 진천에서 부처가

누운 형상을 한 두타산 자락을 끼고 2만여 평의 부지 위에 웅장하게 버티고 서 있는 '우주시민 천문대'는 우리들에게 푸른 초목과 맑은 공기를 물씬 안겨 주었다. 다만 아쉬움이 있다면 가뭄으로 인해 물이 말라버린 초평호의 생경스런 모습을 보는 일이었다.

뉘엿뉘엿 저무는 석양의 붉은 빛에 섞여 바닥이 쩍쩍 갈라진 초평호에 옹기종기 모여 있는 좌대들은 몇 개월 전의 영화를 그리워하고 있을지 궁금했다. 근래 들어 도통 겪어보지 못한 가뭄의 여파를 눈으로 확인하자 별자리를 찾고, 살펴보기 위해 찾아온 천문대에서 훤히 바라다 보이는 자연의 조화에 마음은 숙연해졌다. 발아래에서는 가뭄으로 말라버린 호수의 잔영이 기우제를 기다리는 듯 했다. 하늘 위에서는 이억 오천 년 전부터 존재했던 별자리가 빛을 뿜고 있다. 이러한 사실은 자연의 힘 앞에 인간의 존재는 미미함을 실감나게 만든다. 오래전부터 별자리의 이동에 따라 길흉화복吉凶禍福을 점쳤고, 기우제 또한 결정하지 않았던가. 천문대 아래에서 출렁거리던 물살 따라 하릴없이 낚싯대를 드리웠을 강태공들의 망중한을 누가 시샘이라도 했을까. 초평호의 여름은 잃어버린 물의 유영을 기다리다 지쳤는지 고즈넉하기만 했다.

정갈하게 꾸며진 연수원에 자리한 '우주시민 천문대'는 잠시 전 지나쳐온 초평호의 무상함을 금방 잊게 만들었다.

우주는 하나고 어떠한 일에는 반드시 그 원인이 있다는 연기설을 이해하지 못한다 할지라도 천문대가 우리에게 주는 의미는 깊고 클 수밖에 없다. 부처의 말씀인 법화경을 실천하고 공부하는 이들의 생각에서 나온 천체에 대한 관심도가 놀랍고 궁금했다. 우주를 관할하는 신의 영역은 무수히 많은 별의 숫자만큼 위대하리란 믿음이 생겨나는 밤이다. 일반인들에게 전해 주고자 하는 대자연의 기록을 눈으로 확인하려는 우리는 과학적 근거가 아니라도 작고 보잘 것 없는 존재임을 시인 할 수밖에 없다.

이억오천 만 년의 세월 동안 존재하고 있는 별의 모습을 망원경 렌즈를 통해 가까이에서 바라본다. 영롱한 빛의 파장은 목성이란 이름으로, 토성이란 이름으로 내 눈 가득 각인 되었다. 태어났다 죽음을 맞이하는 인간의 생명력과 달리 우주 한 공간을 지키고 있는 행성들의 고고한 자태 앞에서 난 겸허함을 잃지 않으려 발버둥 쳤다. 254mm굴절 망원경을 통해 밤하늘을 바라보면서 놀라움과 탄성을 누지를 수 없어 마음껏 소리 질렀다. 어떠한 보석으로도, 어떠한 물감으로도 강렬하게 뿜어내는 빛의 작렬을 표현 할 수 있겠는가. 오늘밤, 행운의 여신은 나를 이곳으로 인도한 보상을 철저하게 베풀어 주고 있는 듯싶다. 별에 대해 문외한인 나는 그저 천문대에 가면 사진으로 보던 은하수의 세계를 영접할 수 있으리란 기대에 부풀어 있었다. 하지만 망원경으로 살펴보는 밤하늘은 극히 일부분인 한 곳만 주시하게 할 뿐이었다. 하나의 별과 내가 일심동채一心同體를 이루기 바라는 부처의 원력이 통한 때문일까. 수 억 년 전의 존재와 내통하는 기분은 그리 나쁘지 않았다.

　목성木토, Jupiter은 태양계에서 다섯 번째로 큰 행성이다. 망원경 속에서 보름달만한 목성을 발견하는 일은 어렵지 않았다. 노란 용광로 불빛을 뿜어내는 둥근 원형 안에 선명하게 들어난 두 줄의 테가 내 작은 눈을 유혹한다. 신비스런 빛에 홀려 그냥 빠져 들고 싶은 흥분은 뒤에 줄을 선 사람들의 마음을 설레게 할 터다. 목성은 고대 천문학자들로부터 로마신화를 만들어 내게 한 장본인일지도 모른다. 반사광이 그림자를 형성하고 있는 매력에 넋을 잃어도 아깝지 않았다. 그 밝기에 반해 거짓 없는 선서를 하고 싶을 정도다.

　잠시 후, 토성에 시선을 맞추는 찰나, 아름다운 고리가 뿜어내는 빛의 밝기에 또 다시 환호성을 질렀다. 둥근 원형의 양옆에 붙어 있는 손잡이! 하지만 망원경을 관리하며 도와주는 스텝은 우리를 그의 생각 속으로 유도했다.

　"돼지코 보이세요?"

　그랬다. 토성을 관찰하고 내려오는 모든 사람들이 동일하게 '돼지코'를 닮았다고 한다. 그 말에 내 뇌의 움직임은 속도를 빨리한다. 돼지코의 정체를 밝히고 싶은 간절함은 앞에 늘어선 아이들의 머릿수를 헤아리기에 바빴다. 별에 대한 동경은 어린시절부터 변하지 않았다. 유혹의 손길을 뻗치며 반짝거리는 빛의 마력도 부정할 수 없는 사실이다. 그리스 로마 신화에 빠져들던 시절, 별이 지닌 이름마다에 나만의 신비로움을 더하곤 했다. 이제 어른이 되어 과학적 논리와 이론에 무장된 내 사고와 머릿속은 낭만을 거부한다. 그러며 자꾸 고대와 현대를 잇고 있는 변하지 않는 빛의 밝기에 연연한다. 그제서야 왜 생거진천에 우주시민 천문대가 세워졌는지 수긍이 갔다.

 태초부터 우주는 변하지 않는 존재로서 우리와 함께 하고 있지 않았던가. 공생과 평화를 다지는 SGI의 정신이 부처님의 가르침이라면 불변하는 별들의 세계야말로 우리가 '나'를 터득하는 본보기가 될 근본이다. 하늘위의 별들이 하늘아래 대중을 빛으로 밝혀야 함은 부처님의 또 다른 가르침이 아닐는지. 늦은 밤, 집으로 돌아오는 내내 별빛과 함께 부처님의 가피가 우리를 행복하게 만들어 주었다.

서로 다른 교집합들의 행진곡

 홋카이도는 단풍으로 우리를 유혹했다.
 붉은빛, 노란빛, 갈색, 틈틈이 잎 떨어진 앙상한 나뭇가지들은 묘한 분위기를 연출해 내고 있었다. 자작나무의 하얀빛은 흰눈을 기다리는 듯 목을 길게 빼고 우리를 지켜봤다.
 새벽부터 부산을 떨었다. 홋카이도 기행에 참여 해준 회원들의 얼굴을 떠 올리며 머리를 말리고 있을 때였다. 손전화 벨이 유독 요란스럽게 귓전을 때렸다.
 "오시는 중이세요? 전 인천공항 3층에 도착했어요."
 큰일이다. 벌써 공항 도착을 알려오는 분이 계시다니, 마음이 바빠졌다. 하지만 벽시계는 7시 20분을 가리키고 있었다. 오전 9시까지 모이기로 했는데 공지가 잘못 되었나 싶어 단체 카톡방을 뒤져봤다. 분명 약속시간은 9시 였다. 급하게 옷을 입고 뛰쳐나왔다. 영종대교를 건너는 찰나, 또 손전화가 요동친다. 속속 도착을 알리는 문자가 울린다. 함께 하는 회원들 모두 오늘의 일정을 간절히 기다렸나 보다. 미우라 아야코와 와타나베 준이치와 러브레터의 촬영지를 찾아가는 일정이 두근두근 모두의 가슴을 뛰게 만들었을 일이다.

여행은 늘 낯선 공간에서 새로운 사람들과의 만남이 있어 좋다. 여러 번 일본을 다녀왔지만, 이번 홋카이도는 눈과 함께 ≪빙점≫의 산실을 찾아간다는 부제가 붙어있어 새롭기만 했다. 삿포로 하면 제일 먼저 눈꽃 축제가 떠오른다. 온통 흰색이 내뿜는 은빛향연은 들판에 오도카니 서 있는 한 그루의 나무를 외롭지 않게 만든다. 광고 사진으로 접했던 동화 속 마을 같은 전원풍경은 도회지에서의 내 일상을 말끔히 잊게 한다. 소 떼가 한가롭게 풀을 뜯는 목가적 분위기의 비에이 전경이나 후라노 풍경이 내가 알고 있는 유일한 정보 였다. 하지만 홋카이도의 또 다른 매력은 오타루와 삿포로가 지니고 있는 예술의 현장성이다.

여행을 하면서 그 고장을 알린 작가들의 발자취를 더듬어 보고 향수에 젖어 보는 일은 색다른 객창감을 불러일으키곤 한다. 여행은 언제나 많은 이야기들을 감춰 놓고 있다 낯선 공간에서 슬쩍 보따리를 풀어 놓게 만든다. 우리 일행

12명도 각자의 보따리를 움켜 진 채, 머뭇거리다 한 발짝씩 다가 선 순간, 흉허물을 털어 놓게 되었다.

한국과 일본은 오랜 시간 서로 이해가 부족했다. 우리에게는 일본에 의해 36년간 식민 지배를 당했던 반발에서 오는 반목감정이 지배적이다. 반면 일본은 좋지 못한 선진국 의식이 팽배해 있다. 이러한 사실이 하나의 벽이 되어 양국의 문화교류를 저해해 온 셈이다. 하지만 일본 대중문화 개방은 일본문화에 대한 국민의 관심과 욕구를 충족시키고 다양한 문화를 접할 기회를 확대시켰다. 그로인해 가까운 나라 일본 여행의 기회가 늘어났고, 우린 또 다른 시각으로 일본을 탐색하기에 이르렀다. 이번 ≪여행작가≫에서 실시한 홋카이도 문학기행 또한 그 맥을 같이 한다고 볼 수 있다.

홋카이도 도립 문학관과 와타나베 준이치 문학관, 미우라 아야코 문학관을 둘러보며 일행 모두의 감정은 똑 같았을 지도 모른다. 일본어를 잘 몰라도 문학적 감성에서 우러나오는 '느낌'은 한결 같이 재미와 열정에서 오는 '인간학'이 아니었을까 싶다. 우린 흔히 일본 문학을 이야기 할 때 번역에 관한 논쟁을 벌이곤 한다. 사실 번역 문제는 일본뿐만 아니라 세계 어느 나라의 경우도 마찬가지 일 터다. 한국이 앞으로 일본의 근대문학을 보다 다양하게 받아들이기 위해서는 무엇보다도 뛰어난 번역이 필요함은 누구나 느끼는 바다. 하지만, 일본인의 한국문화에 대한 관심은 한국인이 일본문화에 보이는 관심을 훨씬 밑돌고 있다. 한국의 역사나 문화·문학의 일본어 번역도 적을 뿐 아니라 정보수집이라든가 연구도 저조한 현실이다.

사실 한국만큼 일본어 학습이 성행하는 나라는 없다. 그로인해 한국에서 일본문학의 번역은 눈에 띠게 증가하고 있다. 요즘 아쿠타가와상芥川賞 수상작가의 작품이나 무라카미 하루키村上春木의 작품은 바로바로 번역되어 시판 되고 있다. 반면에 일본 근대문학의 고전이라 할 수 있는 나쓰메 소세키夏目漱石나 모리 오가이森鷗外나 아쿠타가와 류노스케芥川龍之介 등의 작품은 그다지 많지 않다. 이는 현대 일본의 문화나 문학에 관심은 있어도 과거의 작품에는 별로 관심이 없다고 해석할 수 있다. 하지만 미우라 아야코의 ≪빙점≫은 해방 후 일본문학 작품 번역의 효시가 되었다는 역사적인 의미를 지니고 있다.

나는 일본문학하면 늘 아쿠타가와 류노스케를 생각하곤 했다. 하지만 우리 일행은 와타나베 준이치와 미우라 아야코에 관심을 기우리고 있었다. 요즘 인기작가인 무라카미 하루키의 작품 보다 국내에서는 미우라 아야코의 ≪빙점≫이 훨씬 많은 판매 부수를 올렸다고 한다. 중년 이상의 가슴속엔 아직도 미우라 아야코의 잔영이 살아 꿈틀대고 있다. 소녀시절 교과서 속에 ≪빙점≫을 감춰 놓고 선생님 눈을 피해 몰래 읽던 기억은 생각만 해도 스릴 넘친다.

아사히카와에 소재한 미우라 아야코 문학관까지는 버스로 두 시간이 넘게 걸렸다. 지루할 수 있는 긴 시간 동안 우리는 김선생이 준비한 미우라 아야코에 대한 이야기를 들을 수 있었다. 김선생은 미우라 아야코를 인생의 어머니로 생각할 정도라 했다. 한 작가로 인해 자신의 문학관에 작가 정신을 아로 새길 수 있다니 글의 힘이 얼마나 놀라운 일인가 새삼 정신을 가다듬는 기회가 되었다.

미우라 아야코 문학이 아무런 저항감 없이 한국 대중에게 녹아든 이유는 여러 가지가 있겠지만, 일본이 아닌 어느 나라의 가정 소설 같은 서두의 분위기 때문 일 수도 있다. 그녀는 창작기법의 참신함보다는 가문이나 고독이나 사랑이나 에고이즘이나 병 등 인간이 살아가면서 부딪히게 되는 모든 문제를 적극적으로 소설 테마로 삼았다. 그 문제 제기 이면에는 인간의 '죄의 문제'가 자리 잡고 있다.

역사상 일본에 의해 가장 먼저 식민지가 되었던 홋카이도이다. 그곳은 근대사에서는 일본제국의 일부로 한국 노동자들이 동원되어 고난을 겪던 땅이기도 하다. 홋카이도는 제국의 심장부와는 동떨어진 일본 본토의 식민지적 성격을 지닌 땅이다. 또한 원주민인 아이누민족의 살육 흔적을 안고 있는 곳이기도 하다. 이러한 곳을 여행하면서 우리 일행 모두는 새로운 발견을 하게 되었다. 3박 4일간의 짧은 일정은, 서로 다른 환경에서 살다 며칠의 동행을 위해 모인 12명이 각자에게 맞는 작은 추억들을 만든 소중한 시간이었다.

엘리베이터 앞에서

 어둠이 폭포수처럼 쏟아져 내리는 시간.
 귀가를 서두르는 바쁜 발자국 소리가 어지럽게 엘리베이터 앞에서 흩어진다. '땡' 소리와 함께 열리고 닫히는 엘리베이터의 작은 소음에 귀 기울이며, 텅 빈 집안의 정적을 훌훌 털어본다. 아침이면 어김없이 엘리베이터 속으로 들어갔던 식구들은 어둠이 내려야만 하나, 둘 빠져 나오곤 한다.
 나만이 느낄 수 있는 단조로움 속에서 펼쳐지는 고요는, 그동안 살아오면서 느끼고 있던 삶의 편린들을 떠올리게 해준다. 요즘 고층 아파트라는 주거 공간이 주는 의미를, 한 평도 안 되는 승강기를 하루에도 몇 번씩 타고 내리기를 반복 하면서 확인하곤 한다. 현관문만 나서면 오르고 내리는 버튼을 수없이 누르며 엘리베이터 속으로 빨려 들어가는 나를 발견 할 때마다 당황스러워진다. 닫히는 문과 함께 작은 흔들림은, 내 나이의 무게를 가늠해 보기도 전에 두려움 없이 아래로 떨어져 버린다. 폐쇄된 공간에 붙어 있는 작은 거울. 그 속에 비추어 지는 내 모습을 바라보며 인생이란 긴 터널을 가늠해 본다. 얇은 거울의 두께 너머에서 포개져 나오는 의문 부호는 예순을 바라보는 자화상을 그리고도 남음직 하다.

며칠 전, 승강기 고장으로 1층부터 15층까지 계단으로 올라 온 적이 있었다. 두 서너 층을 오르자 다리도 아프고 숨도 턱에 차 몇 번을 쉬어야 했다. 어눌하게 쓰여 진 '고장 수리 중'이란 한 마디는 문명사회의 허점을 그대로 쏟아 놓았다. 한숨을 토해내며 오르게 된 계단의 숫자는 운동 부족으로 인한 불평을 여지없이 드러내놓았다. 걷기를 싫어하고, 턱 밑에 수영장, 헬스장이 있어도 상담 한 번 해볼 생각을 하지 않았던 나였다. 바쁘다는 핑계보다 운동과 움직이는 행위를 싫어하는 내 성격 탓이 분명했다. 등산은 꿈도 꾸어 보지 않았으니 300여개는 됨직한 계단의 숫자는, 발걸음을 무디게 할 뿐만 아니라 심장이 쿵쾅거리며 요동을 치게 만드는데 부족함이 없었다. 손가락 하나로 살짝만 누르면 몇 초 만에 오르고 내릴 수 있던 편안함이 문명이란 이기심으로 등장 할 줄 몰랐다. 그동안 인생이란 골짜기를 만들어 오며 소홀히 여겼던 부분들이 흐릿하게 엘리베이터란 도구 속에서 삐져나오고 있었다.

산다는 일, 삶이란 허상이 인생이란 명제와 공존 하면서, 우린 나름대로의 존재 이유를 따지면서 살아오지 않았던 가. 버튼을 누르지 않으면 열리지 않는 폐쇄 된 공간에서 내가 느껴야 하는 공허감은 그래서 더욱 상실감으로 다가오는 듯싶다. 승강기가 보여 주는 시각적 행위 앞에서 날마다 내 나이의 고리를 열고 닫기를 반복하며 새삼, 중년이란 무게가 주는 형평성을 저울질 해 보곤 한다. 중년이라고 하면 혹자들은 삶을 살다가 실패를 하였거나 어떤 쓰라린 체험을 경험하고 난 후 되돌아봤을 때의 시점이라고 이야기 했다. 국어사전에서의 중년은 마흔 살 안팎의 나이를 먹은 사람으로 정의를 내렸다. 그렇듯 중년이라고 하면, 어느 정도 삶의 경험과 인생의 쓰고 단 체험을 맛 본 후에 얼굴에 나타나는 주름살의 정도만으로도 짐작할 수 있는 시기라 믿는다.

앞으로 살아 갈 날 보다는 살아온 날이 더 많은 듯싶은 시기. 아이들도 어느 정도 성장하여 옷 입히는 일, 밥 먹이는 일을 알아서 할 수 있고, 가정 경제 또한 흔들림이 없을 정도로 기반이 다져져 있을 수도 있다. 그 사실들은 겉으로 들어나는 부동의 틀일 수밖에 없다. 그 틀 속에서 때론 감추고 싶은 사건은 잊어버리며, 되도록 아름답고 즐거울 수 있는 기억만을 들추며 살기를 바랬다. 단 하루만이라도 홀훌 일상에서 벗어나 '나'를 찾아 여행을 떠나 보고 싶지만 의지박약아 마냥 엘리베이터의 버튼을 누르지 못하고 풀썩 주저앉아 버리기를 여러 번 반복 했다. 입을 크게 벌리고 웃어도 흉이 되지 않을 나이. 그 나이에 고고한 학처럼, 쭉 고른 대나무처럼, 사시사철 잎 푸른 소나무처럼 살겠다는 신념도 없다. 그런데 자꾸 허허롭고, 짜증스러운 일이 많아지는 데는 내 수양이 부족한 탓만은 아니리라. 나이에 연연하며, 주름살의 굵기를 헤아리는 한심한 모습은 가슴을 가득 채우고 있어야 할 사랑과 열정보다는 욕심이 많아서인 듯싶다. 버릴 것은 버리고, 나눌 것은 나누어야 하는데 쌀 한 가마 무게도 안 되는 몸속에는 온통 아집으로 꽉 차 있다. 그러니 느끼고 바라보는 삶의 비중이 버겁다 생각될 밖에 도리가 없지 않은가.

 물질만능 시대에 나는 지금 어디로 가고 있는가. 지난 밤, 악몽에 시달렸다. 수평선도 보이지 않았다. 그렇다고 지평선이 보이는 것도 아니었다. 깊이도 가늠할 수 없는 시퍼런 바닷물이 철썩철썩 뱃전을 사정없이 때리고 있었다. 망망대해. 그곳에서 홀로 두려움에 떨고 있다 높은 파도에 놀라 잠을 깼다. 꿈속에서의 나는 파라다이스, 아마 실낙원을 찾아 다녔는지도 모르겠다. 한 입 베어 물면 십 년은 젊어 질 수 있다는 무화과 열매를 따먹기 위해 헤매고 다녔을

지도 모를 일이다. 신선초나 불로초, 아니면 백년초에 미련을 가져 본 일이 없건만 밤마다 꾸는 악몽은 현실에 '나'보다 부조화의 '나'를 더 생각나게 한다. 하루하루를 살아가면서 그 생활에 충실 할 수 있음은 당당하게 오늘을 가꾸어 가는 올바른 태도일진데, 간혹 잊고 산 게 아닌지 반성이 앞선다.

  베란다 밖으로 보이는 잎 떨어진 목련 나뭇가지가 파르르 떨고 있다. 지난 봄 화려하고 고고하게 한 계절을 풍미했던 나뭇가지에서 조금은 굵어진 나이테를 발견한다. 나도 이 계절이 지나고 나면 한 살 나이가 더해지리라. 그러면 좀더 용감하게 엘리베이터 버튼을 누를 수 있는 중년을 보내리란 생각이 불쑥불쑥 용솟음치는 아침이다.

오늘, 하루만

뎅강뎅강.

바람 소리에 놀란 목어가 울음을 토해 낸다. 맑은 소리만큼 고즈넉한 천심사에는 비구니 한 분이 홀로 살고 있다. 언제나 동안童顔인 스님을 대할 때면, 구도자의 길을 걷는 분이라 마음이 태평스러워 늙지 않는다고 생각했다. 대부분의 여승은 천진스런 미소와, 조용한 말 매무새 탓에 나이를 가늠할 수 없기 때문이다. 그분에게 나이가 무어 그리 중요하겠는가. 하지만, 속인의 옹졸함은 비구승의 출가 전 일이 빈 항아리 뚜껑 열어 볼 때처럼 궁금하고 궁금했다.

혜암 스님은 이십여 년 전 처음 만났을 때와 변함없이 그대로이다. 다만 달라진 모습이 있다면 밭농사를 짓느라 검게 그을린 얼굴의 피부색뿐이다. 작달막한 키, 동글동글

한 얼굴 모양새, 선량해 보이는 눈매가 늘 신고 다니시는 하얀 고무신의 코에서 볼 수 있는 정갈함으로 반짝였다.

우리 동네에서 혜암 스님의 존재는 틱낫한이나 달라이라마와 마찬가지였다. 종교의 힘이 그러하듯, 사람들은 집안의 대소사를 스님에게 의논하며 결정하기 일쑤였다. 하지만, 오늘 만난 혜암 스님은 슬픔과 회오가 가득찬 마음으로 인해 번민하고 계셨다. 항상 강철처럼 단단해 보여 두려움도 모르는 분인 줄 알았다. 군데군데 꿰맨 자국이 있는 후줄근한 승복 차림에 푹 눌러 쓴 모자의 무게가 천근 돌덩이로 실려 왔다. 하루만 단 하루만 스님이 아닌 속인으로 보아 달라며 어린아이 같은 눈빛을 보낸다. 스르르 눈시울 적시며, 쓰린 가슴을 열어 보일 때, 구도자의 자세에서 평범한 여인네의 모습이 보여 더욱 친숙함이 느껴졌다. 중생들을 구제해 주는 일을 하는 스님이라 빈틈이 없을 줄 알았는데 오늘은 특별한 날임이 분명했다.

십수 년 전 일이었다. 야트막한 산자락 밑에 쓰레기처럼 버려진 땅을 구입해 커다란 대웅전을 짓기 시작했다. 여인네의 작은 체구로는 도저히 상상할 수 없는 일이지만, 부처님을 모시는 비구승인지라 불사는 대단한 가치가 있는 일로 보였다. 200여 평의 건물을 신축하는 배포는 아낙네가 아닌 대장부의 행동과 흡사했다. 목수들과 미장공들 사이를 흰 고무신 발로 폴짝폴짝 뛰어 다니며 진두지휘 하는 모습은 그분만이 누릴 수 있는 특권 같았다.

　기둥이 서고 지붕이 올라 갈 때, 탁 트인 목소리로 반야심경을 독경하던 스님의 등 뒤로 장엄한 광배가 만들어 졌다. 그것은 그 분만이 지닌 끼요, 아름다움이라 해도 좋을 듯싶었다. 조계종이다, 태고종이다, 진각종이다, 천태종이 다를 구분하기 이전에 스님은 이미 동네 사람들의 고민거리를 해결해 주는 훌륭한 선각자였다. 하지만, 큰 불사를 진행하며 현실에서 겪어야 하는 마음고생은 구도자라도 비껴갈 수 없었다. 남편 없이 살아가는 과부의 심정과 흡사하다고나 할까. 예상 비용을 초과한 공사대금 부담은 심각한 듯싶었다. 시골 동네 신도들에게 민폐를 끼칠 수 없다며 사가의 아들 집을 담보로 대출을 받아 왔다고 했다. 자식들에게 보태 주지는 못할망정 재산을 축낸 어미가 되어 괴로운 탓일까. 자신은 불제자로서 절집을 크게 지어 부처님을 편안하게 모시는 일이 소원이었다고 한다. 하지만 자신이 불사를 일으키는 일이 혹 과욕은 아닌지 의문스럽다며 한숨 짓는다. 종교적 믿음을 전재하지 않더라도 그녀의 입에서 나온 넋두리처럼 들리는 말은 하소연으로 내게 다가왔기에 더욱 인간적인 공감대가 형성 되었다. 사실 가뭄에 퍼슬퍼슬해진 논바닥처럼 애처롭게 보여 마음이 더욱 아팠다.

　그녀는 농사짓는 일에도 언제나 앞장섰다. 밭일, 논일 마다하지 않고 임대를 얻어 억척스레 땀을 흘렸다. 절집에서 사용되는 온갖 양념과 식재료 등을 손수 장만 했다. 그녀의 출가 전 기구한 사연을 우리는 알 필요도, 알려고 해도 아니 되겠지만, 자꾸 속살거리는 궁금증은 내 머릿속을 혼란스럽게 파고들었다. 젊은 시절. 아들과 딸과 남편을 버리고 부처님 계신 절집으로 들어와 생활한 지 반평생이 지났다. 속세의 인연 고리를 끊기 위해 무던히도 몸부림치며 염불을 외웠다는 이야기가 공허하게 밤하늘을 갈라놓았다. 전생에 지은 업보로 윤회의 끝을 만들기 위해 불제자가 될 수밖에 없었다. 중노릇은 마음을 비우는 일이 으뜸이라 하는데 과연 어느 정도 비우고 있음인지 괴롭다고 했다.

환갑을 넘기며 부처님 섬기느라 입술에 립스틱 한 번 발라보지 못하고, 뾰족구두 한 번 신어 보지 못한 채 살아온 팔자가 전생에 죄를 많이 지어서라 했다. 다음 생에 걸머질 업보가 다시 중 팔자라면 강아지로 태어나고 싶다며 주루룩 눈물을 흘렸다. 왜 하필이면 강아지일까. 윤회의 고리를 끊기 위해 득도의 길을 지향하면 안 되는 걸까. 볼을 타고 흘러내리는 두 줄기 눈물을 보는 순간, 진정어린 인간미가 엿보여 목구멍에 '컥' 하고 가시가 박혔다.

근심 걱정 없이 편안하게 보였던 동안과 맑은 눈동자 속에는 구도자만이 고뇌해야 하는 아픔이 있었으니, 사람 살아가는 일이란 너, 나 없이 모두 똑 같다는 생각이다. 속인은 해가 지면 산을 내려오지만, 스님은 날이 저물면 산으로 올라가야 하지 않느냐는 우문을 던지며 볼우물 패인 웃음을 보낸다.
"오늘, 하루만 실수를 하자. 내일 만나면 모르는 일이야."
혜암 스님은 덩그러니 절집에 혼자 남아 무슨 생각을 하고 계실까. 혀가 만들어낸 업보를 씻기 위해 독경을 외고 계실지도 모른다. 그래도 돌아서는 속인의 발설음은 내내 무거웠다.

피자 먹는 여우

 달리던 차를 세웠다.
 분명 여우였다. 다리에 비해 긴 황갈색의 몸뚱이, 가늘고 뾰족한 콧날, 짧은 다리와 부슬부슬 긴 꼬리. 누가 봐도 야생 여우인데 하는 행동이 궁금증을 불러 일으켰다. 가정집 현관을 발로 박박 긁고 있다. 우리 일행은 들개로 착각할 뻔 했지만, 모두 여우임을 동의 했다. 차에서 내려 와 녀석의 기이한 행동을 지켜봤다. 잠시 후, 현관문이 삐익 열리더니 집주인인 듯한 아주머니가 나왔다. 아주머니는 몇 마디 말을 건네더니 손에 들고 있던 피자를 여우에게 주었다. 피자 한 덩이를 입에 문 여우는 쏜살같이 사라졌다.
 아주머니는 사라진 여우의 뒷모습을 바라보며 빙그레 미소를 짓는다.

"여우 아닌가요?"

낯선 관광객의 질문에 아주머니는 환한 웃음으로 대답해 준다.

"새끼 세 마리를 키우는 어미 여우예요."

세상에! 아무리 캐나다가 자연 보호에 앞장서고 있는 나라지만, 가정집 현관을 두드리는 여우가 있다니 놀라웠다. 더구나 피자를 먹는 여우라니! 새끼를 가졌을 때부터 먹이를 주기 시작했는데 계속 찾아와 이제는 문까지 두드린다고 했다. 사람과 야생 동물과의 친화설을 듣기는 했다. 하지만, 내 눈으로 확인하게 될 줄이야. 그저 놀라운 상황에 어이없어 할 무렵, 피자를 물고 갔던 여우가 다시 나타났다. 녀석은 우리 일행 따위는 아랑곳 하지 않는다. 마치 주인인 냥 우리를 흘끔 쳐다보더니 아주머니에게 다가가 다리에 얼굴을 비벼 댄다.

"먹을 양식을 더 달라고 하는 거예요."

익숙한 행동인 듯, 아주머니는 머리까지 쓰다듬어 준다. 아주 예쁜 애완동물을 다루는 모습과 흡사하다. 흠칫 놀라는 쪽은 오히려 우리 일행이었다. 아주머니가 집안으로 들어가 다시 피자 한 덩이를 가지고 나오는 동안 사진을 찍어대는 우리에게 힐긋 무덤덤한 표정을 짓는다. 자신의 욕구가 충족 되어 기쁜지 녀석은 조금 전 보다 느긋한 걸음으로 유유히 사라졌다. 이 마을 근처에는 많은 여우가 살고 있다고 아주머니가 설명해 준다. 사람들이 먹이를 주다 보니 큰 도로를 가로질러 마을로 내려오다 교통사고로 죽는 경우가 많다고 했다. 더불어 우리에게 운전을 조심하라는 당부도 아끼지 않았다.

퀘백주의 동쪽 땅끝 마을인 가스페 반도를 여행하면서 첫 번째로 부딪힌 경이로움이다. 여우는 우리나라에서는 교활하고 수단 방법 가리지 않은 채, 자기 잇속만 밝히는 동물로 인식 되어 있지 않은가. 그런 여우를 도로 옆 마을에서 만난 사실도 당황스러운데 먹이를 사람들에게 얻어 새끼를 키우고 있다니 상상할 수 없는 일이었다. 여우는 굴에 사는 동물이다. 하지만 굴 파는 기술이 좋지 않아 오소리 집을 가로채기 일쑤인 얌체로 소문이 나 있다. 여우는 오소리가 외출한 사이 방뇨와 배변를 하는 방법으로 굴속을 더럽혀 놓는다. 그러면 오소리는 정든 자기 굴이지만 지독한 냄새로 인해 견디지 못하고, 다른 곳으로 떠나가 버린다. 남의 굴을 차지하는 이런 방법은 교활하고 게으름뱅이인 여우만의 작전이며 술법이라 할 수 있다. 출입구의 지독한 냄새로 사람들 또한 여우의 굴임을 쉽게 알아챈다고 한다. 그만큼 여우의 항문선에서 분비되는 노린내는 유명하다. 그런 여우가 사냥으로 먹잇감을 구하기는커녕 사람들과 친해져 애완동물처럼 음식을 얻어먹고 있으니 약은 놈인지 생태계의 법칙에 어긋나는 일인지 가늠이 되질 않았다.

　여우의 보금자리가 주로 야산이나 공동묘지였기 때문에 우리에게는 술수와 변화를 부리며 인간을 괴롭히던 동물로 기억되고 있다. 특히, 천년 묵은 여우는 꼬리가 아홉 달린 구미호九尾狐라 하여 더욱 신통력이 있다고 생각했다. 갑자기 어린 시절 읽었던 설화들이 떠올랐다. 변신한 구미호가 새신랑 대신 장가를 들어 사람이 되려다 강감찬姜邯贊 장군에 의해 죽음을 당했다는 내용은 책속에 푹 빠져 들게 했었다. 더구나 여우 동생을 물리친 서거정徐居正에 관한 설화는 얼마나 흥미롭던지 손에 땀이 나도 모를 지경이었다. 구미호가 사람으로 변신해 한 집안을 망하게 했는데 신통력을 지닌 사람의 도움으로 물리쳤다는 <여우와 삼형제 설화> 등은 내 유년의 상상력을 풍요롭게 꾸며 놓았다. 구미호의 변신에 관한 설화를 읽을 때마다, 절대로 여우에게 당하지 않겠다는 결심을 했다. 그랬던 여우가 자식을 지키고 키우기 위해 사람에게 의존한다는 사실은 적지 않은 충격이었다.

　자기 자식을 사랑하는 모성애는 사람이든 동물이든 다를 바 없지만, 자연 그대로 숲을 보존하려고 노력하는 캐나다에서 혹여, 생태계에 교란이 일어날까 염려가 되었다. 하지만, 여우에게 피자를 챙겨 주며 머리를 쓰다듬어 주고 계신 아주머니는 따뜻한 마음을 지닌 천사를 닮은 분이 아닐까 싶다. 그녀도 자식을 키워 본 적 있기에 내리사랑의 본보기를 알고 있을 터였다. 입에 피자를 물고 사라진 여우도 자신의 배를 먼저 채우기보다 굴에서 기다리고 있을 새끼를 먼저 먹이고 싶어 달려갔을 일이다. 그 굴이 오소리에게 빼앗은 터전일지 몰라도 새끼를 보듬고 키우는데 무엇보다 안전한 안식처 일 게다.

냄새 나는 굴속에서 오글오글 머리를 맞대고 있을 새끼 여우들을 생각하자 측은한 마음이 생겼다. 어쩌면 이 넓고 울창한 숲속조차 새끼 배를 채울만한 먹잇감이 없어졌을지도 모른다. 여우의 야생성이 사라졌다고 염려하기 전에, 숲에서 먹잇감을 찾는 일이 힘들어져 궁여지책으로 사람 사는 마을까지 내려와 서성거리게 된 현실을 걱정해야 될 듯싶다.

문명이 발달할수록 사람 사는 세상도 먹고 살기 힘들어 갖은 사고와 사건이 연속으로 일어나고 있지 않은가. 하물며, 숲속 동물들 세계라고 왜 21세기에 변하고 있지 않겠는가.

할머니와 금비녀

 분명 쪽진 머리였다. 허름한 가방이 힘겨워 보였다. 자그마한 키에 허리가 구부정한 할머니가 그림처럼 손을 흔들며 서 있다. 얼른 급브레이크를 밟으며 차를 세웠다.
 "어디 가시는데요?"
 "고맙수 색시, 손주 놈 집 찾는데 어디가 어딘지 알 수 없어서…."
 도로변에서 차를 세우는 할머니의 쪽진 머리가 시야에 잡히는 찰나였다. 내 일도 잊은 채, 천사 같은 여인네가 되어 할머니의 손에 들려 있는 주소와 전화번호를 건네받고 집 찾기에 나섰다.
 길눈이 어둡기는 심봉사 부럽지 않은 수준이다. 하지만 할머니를 길에서 헤매게 하기에는 이미 마음 속 감정들은 앞장서서 골목길을 기웃거리고 있었다. 손주 되는 분과 전화를 하고, 할머니를 근처로 모셔 드리는 동안 쪽진 머리 모양이 잊었던 그리움을 만들어 냈다. 수더분한 외모와 함께 할머니는 나들이에 한껏 모양을 낸 듯, 머리에는 굵은 금비녀가 번쩍거렸다. 할머니들 스타일이 짧은 퍼머 형태로 바뀐 지 오래전인데 새삼 비녀 찌른 머리를 보니 돌아가신 외할머니가 떠올랐다.

집에 돌아와 장롱 깊은 곳에 넣어 두었던 외할머니의 금비녀를 찾아 봤다. 외할머니가 돌아가신 지 십 수 년이 지나도록 아무 생각 없이 장롱 깊숙이 넣어 두었던 물건이다. 작은 손가방에 보관 해 둔 비녀는 그대로 그 자리를 지키고 있었다. 주인을 잃고 장롱 깊은 곳에서 숨도 못 쉬고 있다 꺼내주니 형광 불빛을 받아 선명하게 반짝 거린다.

외할머니께서 돌아가시기 몇 해 전 친정을 방문 했을 때 일이다. 할머니는 혼자 집을 지키고 계셨다. 어머니는 내가 온다는 연락을 받고 찬거리 준비를 위해 시장에 나가 신 듯, 보이지 않았다. 가는 귀 먹은 할머니를 대하자 울컥 어린 시절이 생각나 눈물이 핑 돌았다. 언제나 나를 제일 귀히 여겨 주셨다. 겨울이면 발 씻을 물까지 방으로 떠다 주며 공주처럼 돌봐 주셨다. 맛난 군것질 거리가 생기면 다락에 감춰 두었다 꺼내 주곤 하셨다. 불현듯 받기만 했지 지금껏 변변하게 해 드린 선물이 없다고 느끼는 순간, 할머니의 손을 잡고 졸랐다.

"제가 선물 한 가지 사 드릴 테니 함께 나가세요."

그 전 같으면 극구 사양 하셨을 할머니가 그날따라 얼굴에 환한 미소를 지으며 쾌히 따라 나섰다. 시집 온 후 처음 할머니 손을 잡고 근처 백화점으로 나들이 아닌 나들이를 나갔다. 휘황찬란한 조명 등 아래 할머니의 쪽진 머리가 유난히 도드라져 보였다.

"무엇을 갖고 싶으세요?"

두리번두리번 진열장에 정돈 되어 있는 상품들을 둘러보던 할머니는 한참을 망설이더니 비싼 물건도 되느냐고 물었다. 내 기분은 한껏 고조 되어 있는 터라 오늘은 무엇이든 가격이 얼마든 할머니가 원하는 물건 모두 해드릴 태세였다.

"걱정 마시고 고르세요. 이런 일 처음이잖아요."

"그럼, 금비녀 하나 사주렴."

할머니 한 마디에 작은 탄성을 속으로 꾹 삼켜야만 했다. 만만치 않은 가격은 제쳐 놓고라도 수줍게 고개를 돌리시며 갖고 싶은 물건이 금비녀라니 적잖이 놀랠밖에 도리가 없었다. 하지만, 혼란은 잠깐이었다. 그동안 너무 할머니의 머리 모양에 무심했음이 부끄러워 졌다. 어린 시절부터 쭉 할머니와 생활해 오면서 아침마다 손거울을 앞에 놓고 긴 머리를 정성스레 땋아 비녀를 꽂으시던 모습이 새삼 눈앞에 아른거렸다. 그 때는 할머니의 아침 일과라 생각하며 무심히 넘겨 왔는데 할머니의 가장 큰 멋 부림은 비녀였음을 왜 몰랐을까.

한평생 수수하게 살아 온 할머니도 아름다움을 꿈꾸는 평범한 여인네였다. 할머니는 고작 백동으로 된 비녀 두어 개만 지니고 계실 뿐이었다. 몇 십 년을 쪽진 머리를 하고 계시면서 반짝거리는 금비녀가 얼마나 갖고 싶으셨을까. 그동안 쓸 데 없는 자잘한 소모품만 선물로 사 드렸지 정작 아침마다 거울을 보며 단장 하시던 쪽진 머리에 가장 호사스러운 금비녀 생각을 못했다. 예전 같으면 결코 비싼 물건은 원하지 않으셨을 터인데 팔순이란 연세가 골 깊은 주름을 만들어 내고 있었다. 진열되어 있는 금비녀 중 가장 화려한 문양을 골라 머리에 꽂아 드렸다. 흡족해 하시는 표정이 어린아이 같다. 아들이 없던 할머니가 외손녀에게 금비녀를 선물 받고 좋아라 웃음 지으니 죄송한 마음이 앞서며 안쓰럽기도 하고 서글퍼지기도 했다. 집으로 돌아오는 내내 금비녀 값 이상의 행복감에 젖을 수 있었다.

몇 해가 지나 위암으로 투병 중이던 할머니를 다시 찾아갔다. 바싹 말라 뼈만 남은 할머니는 장작개비를 닮은 몰골로 병상에 누워 계셨다. 나를 알아보시는 눈길이 그윽하게 몸을 감싸왔다. 할머니는 줄 물건이 있다며 슬그머니 내 손을 끌어당기더니 금비녀를 쥐어 주었다. 갑자기 목줄기를 타고 뭉클한 감정이 복받쳐 올라 왔다. 선뜻 받을 수가 없었지만 할머니께서 얼굴 가득 미소를 머금은 채, 고개를 주억거리며 손을 당기셨다. 임종 직전 당신이 내게 주실 마지막 선물이란 생각을 하신 걸까. 그것을 받아 들고 한참을 울었다. 할머니는 다음 날 홀연히 이 세상을 떠나셨다. 임종을 지켜보지 못한 나는 금비녀를 장롱 깊숙이 넣어 두고 할머니의 그림자를 지워 버렸다. 그런데 오늘 쪽진 머리의 팔순 할머니를 보자마자 우리 외할머니의 잔영이 눈앞을 어지럽혔다.

이승과 저승 사이를 건너며 예쁜 금비녀로 단장 하고 아름다운 여인네의 멋을 한껏 뽐내며 가실 일이지 무슨 미련으로 내게 주고 가셨을까. 어쩌면 저승으로 가시는 길목에서 짧은 컷트 머리로 퍼머를 하고 싶으셨던 마음은 아닐는지.

아름다움이야말로 여인이 소유 할 수 있는 가장 우아하고 소중한 꿈 아닐까.

금비녀 위로 눈물 한 방울이 또르르 흘러내린다.

4부

본래 모습으로 머물다
사랑을 만들어 주세요
사랑의 언어
사랑이라 더 슬프다
생야일편부운멸生也一便浮雲滅
회귀 본능
심도 길을 가다
천국에 있는 것처럼, 우린
탈출기
프리다 칼로의 '나의 탄생' 너머

본래 모습으로 머물다

 만날 때마다 루지아는 말이 없다. 창밖만 바라보던가, 졸고 있던가, 아니면 책만 읽고 있다.
 오늘은 아이의 표정이 함박꽃처럼 환하다. 우리와 함께 산에 오르는 일이 마냥 즐거운지 웃음꽃을 피운다. 얼굴 가득 미소가 지워지지 않는다. 엄마 옆에서 생긋생긋 웃으며 따라 걷기만 한다. 그 또래의 아이들이라면, 이리 뛰고 저리 뛰며 자신의 기운을 주체하지 못해 어수선 할 수도 있으련만 루지아는 달랐다. 사부작사부작 발걸음 소리가 들릴세라 얌전히 걷기만 했다. 바람에 나뭇잎 부딪치는 소리가 루지아의 발소리를 삼켜 버린다. 아이는 오르막을 오를 때도 숨이 차다고 칭얼거리지 않는다. 눈이 서로 마주칠 때마다 열 살 소녀는 지그시 입을 다물고 웃기만 할 따름이다.

일 년 전. 지인의 룸메이트인 중국인 몽위를 만났다. 그녀는 매우 지적인 외모를 지녔고, 어휘력이 뛰어나 영어, 불어, 한국어를 능숙하게 구사하는 젊은 엄마였다. 몽위의 꿈은 금융계의 로비스트였다. 그녀의 딸 루지아는 엄마의 적극적인 성향과 달리 소극적이고, 내성적인 소녀였다. 루지아가 태어날 때 생모는 난산을 견디지 못해 세상을 떠났다. 그 후, 루지아 아빠는 몽위를 만나 재혼을 했고, 그들 부부는 캐나다 이민을 결심 하게 되었다. 하지만 해가 갈수록 중국에서 사업이 번창 하자 루지아 아빠는 이민을 망설였다. 아이와 함께 몬트리올에서 남편을 기다리던 몽위는 공부로 스트레스를 풀고 있었다.

"나는 나쁜 엄마인가 봐요!"

내 그림자를 밟고 오던 몽위가 느닷없이 툭 던지는 말이다.

"나쁜 엄마?"

자신은 늘 루지아가 잘 성장해 주기를 빌었다고 한다. 공부도 잘 하게 만들고, 예의범절도 잘 가르치고 싶었다고 했다. 그러자니 아이를 엄하게 대했고, 소리도 지르고, 야단도 많이 쳤다. 이제 몇 개월 후면 루지아는 중국으로 돌아가게 되어 있다. 몽위와 남편이 이혼을 준비 중이기에 아이는 더 이상 그녀와 살 수 없게 되었다. 유독 또래 보다 키가 작은 아이는 아빠에게 생긴 새로운 여자 친구의 존재를 알고 있을까.

젊은 부부가 이민을 위해 서로 떨어져 살다 보면 무슨 일인들 생기지 않을 수 없다. 낯설고, 언어가 다르고, 문화가 다른 나라에서 새 삶을 꿈꾸는 일이 몽위 남편에게는 부담스러울 수 있다. 결혼 전부터 했던 약속을 지키지 않는다며 몽위는 남편을 원망했다. 새 여자와 본국에서 살림을 차린 증거를 곱씹으며 괴로워하기도 했다. 함께 산 세월이 십여 년도 채 되지 않은 젊은 부부가 서로의 사고가 다름으로 인해 갈등을 빚는다. 평생 동고동락하기로 한 믿음을 배신한 연유가 어디에 있던 앞에 닥친 일에 대한 결과를 보는 입장은 마음이 불편할 뿐이다. 하지만 아이를 남편에게 보내야 하는 날이 다가올수록 키운 정은 후회가 더 많은 듯, 머리를 쓰다듬는 손길이 측은해 보였다.

몬트리올 근교에 위치한 낮은 산인 몽트 수톤Monts Sutton은 해발에 비해 면적이 상당히 넓다. 캐나다 천연 그대로의 모습이 응축되어 있는 숲길은 조금만 걸어 들어가도 울창한 나무와 풀들로 햇볕을 가리기 일쑤다. 점심을 먹고 늦게 출발한 탓도 있지만, 흐린 날씨는 숲길을 더욱 을씨년스럽게 만들었다. 앞서 걷는 우리 뒤에서 자꾸 뒤떨어지는 아이를 기다리며 여러 생각들이 머릿속을 휘 젓는다. 나쁜 엄마는 어떤 의미일까? 생모가 아닌 탓에 늘 우등생으로 키워야 한다는 생각은 몽위를 지배했을지도 모른다. 아직 아기를 낳아보지 못한 몽위가 낳은 정 보다 기른 정에 더 연연하는 모습이 안타까웠다.

햇살이 사라진 오솔길을 청솔모가 가로 막는다. 우리가 가야 할 앞에서 녀석은 길을 비켜 줄 생각조차 하지 않는 듯 태연하다. 먹이를 먹는 제 일에만 집중 하고 있다. 버스럭 거리는 발소리에도 아랑곳 하지 않는다. 오히려 걸음을 멈춘 쪽은 우리 일행이다. 이때, 어디선가 쪼르르 한 마리가 달려왔다. 그 녀석은 길을 가로막고 있던 작은 청솔모에게 달려오더니 얼굴을 비빈 후 함께 먹이를 먹기 시작 한다. 어미가 새끼를 만난 듯 다정해 보였다. 우리를 전혀 의식 하지 않은 채, 저희 일에만 몰두 하고 있는 청솔모가 신기해 발걸음을 멈추고 한참을 지켜봤다. 루지아는 제 엄마 손을 꼭 잡고 서 있다.

모녀는 어떤 생각을 하고 있을까. 슬그머니 뒤로 물러나 모녀와 청솔모의 모습을 번갈아 바라보았다. 맞잡은 두 손은 따뜻해 보였다. 설핏설핏 얼음이 보이고, 눈발이 쌓인 흔적이 있는 산 속이었다. 손이 시려 호주머니에 넣고 싶을 법도 한데 모녀의 실루엣이 아름다운 한 폭 그림처럼 정답게 보인다.

"맘, 예뻐요!"

루지아의 입에서 입김이 훅 새어 나왔다. 몽위는 루지아를 바라보며 행복한 눈짓을 보낸다.

청솔모는 매서운 캐나다 동부의 날씨를 견뎌 내기 위해 한 겨울 동안 쌓아 논 먹이로 자신을 지킬 것이다. 그 시간을 혼자가 아니라 가족들과 함께 부비고 뒹굴며 견뎌내겠지. 몽위와 루지아는 이번 겨울이 지나면 헤어져야 한다. 맞잡은 손에 온기가 흐르는 만큼 서로 그리워하겠지. 좋은 기억 보다는 나쁜 추억을 더 많이 떠 올릴지도 모른다.

"맘, 배부른가 봐요!"

루지아가 가는 손가락으로 녀석들을 가리킨다. 그 사이 녀석들은 온 몸을 털더니 길을 내 준다. 여유롭게 앞서거니 뒤서거니 숲으로 사라진다. 함께 하는 일은 볼수록 정겹다. 포만감은 모든 상황을 부드럽게 만들지 않던가. 마음이 배가 부르던, 몸이 배가 부르던 가득 찬다는 의미는 모두를 여유롭게 만든다. 우리는 지체했던 시간만큼 서둘러 산을 올랐다.

정상에는 작은 호수가 자리 잡고 있었다. 호수에 비춰지는 건너편 산자락이 산수화 한 폭을 닮았다. 힘들게 뒤따라 온 루지아는 간식을 맛나게 먹는다. 엄마와 함께 소풍 나온 열 살 소녀의 모습이 호수에 길게 그림자를 만든다. 자연은 언제나 있는 그대로를 받아 들였다. 저 물빛에 아이의 소망까지 비춰진다면 얼마나 좋을까. 숲의 나무는 덩치가 크다고 키 작은 풀들을 탓하지 않는 듯 보인다. 키 작은 풀들도 자신의 처지를 괴로워하지 않는 듯 보인다. 우리의 길을 가로 막았던 청솔모도 제 할 일을 했을 뿐, 우리를 방해 하지는 않았다. 단지 우리가 멈춰 서서 망설이지 않았던가. 산은 그대로 산이고, 물은 그대로 물로서 흐른다. 주위에 흐드러진 잡풀들도 덩치 큰 나무들을 부러워하지 않는다. 주변 사물 모두 흔들흔들 자신의 주어진 삶에 만족해하며 온전히 받아들이고 있는 듯, 자연 풍경이 덧없이 평화롭다.

 호숫가에 비친 아이의 그림자를 바라보며 생각에 잠긴 사이 산 속의 해는 뉘엿뉘엿 서쪽으로 자취를 감춰 버렸다. 하산을 서둘렀다. 산 속의 어둠은 안개보다도 뿌옇게 주위를 점령한다. 몽위는 아이의 앞에서 핸드폰 불빛을 밝혀 주었다. 루지아는 우리 손을 잡고 자갈길을 헤치고 낙엽을 밀치며, 도랑도 건너며 가쁜 숨을 몰아쉰다. 멀리 도시의 불빛이 가물거렸다. 조금만 내려가면 주차장이다. 몽위는 아이의 안전 때문에 불안한지 헛발질이 반복된다.

 "맘, 손잡아 드릴까요?"

 루지아의 목소리가 흔들렸다. 하지만 몽위는 어둠 속에서 손사레를 쳤다. 오를 때, 질퍽거렸던 길이 어느새 얼어붙었다. 사방이 어두워지는 시각, 날씨도 찬바람을 몰고 왔다. 움츠려드는 아이의 어깨 너머로 물처럼 바람처럼 걸림돌 없이 살았으면 좋겠다는 소망이 보였다. 소처럼 유순하고 사자처럼 당당하게 살아가길 바라는 마음은 몽위도 마찬가지일 터다. 주위는 단지 그러할 뿐, 고요하고 온전하다. 산과 나무가 서로의 역할을 맞바꾸려 하지 않듯, 엄마와 딸의 관계는 변할 수 없는 인연으로 흘러갈 일이다.
"추워?"
몽위의 물음에 루지아는 고개를 젓는다. 이제 곧 다가올 이별의 아픔을 이렇게 위로 받고 싶은 나쁜 엄마의 다정한 음성이 밤하늘에 퍼졌다.

사랑을 만들어 주세요

하나

그의 아내는 혼자였다.

난방 시설이 되어 있지 않은 가옥의 구조는 오슬오슬 한기를 뿜어낸다. 내복 위에 털스웨터를 껴입고 오리털 조끼까지 걸쳤지만 냉기는 뼈 속을 뚫고 들어왔다. 한국의 따듯한 난방 시스템이 그리워질수록 그녀는 우울해졌다. 남편과 아들이 외출을 한 집안은 사람의 온기가 사라진지 오래다. 건물 외장이 시멘트와 벽돌로 이루어진 거실은 홀로 앉아 뜨개질 하는 손끝을 시리게 했다. 가죽 쇼파의 질감이 서늘한 외풍과 함께 날선 칼끝처럼 싸늘하게 엉덩이에 와 닿았다. 그녀는 얼마 전 설치한 화목 난로를 피우고 싶어 천천히 일어섰다.

집안 가득 따스한 온기를 만들어 주는 물건은 화목 난로 뿐이다. 매서운 겨울을 견디기 위해 남편은 큰맘 먹고 쇠통으로 만들어진 난로를 설치했다. 만만치 않은 가격도 문제였지만, 한국에서는 한 번도 사용해 보지 않았던 화목난로에 불을 피우기란 여간 힘든 일이 아니었다. 그녀의 남편은 새벽마다 화목 난로에 나무를 넣고 불을 지필 때면, 한바탕 전쟁을 치르는 전사가 된다. 불을 피우려면 잔가지와 종이 장이 필요했다. 활활 나무를 태울 때까지 메케한 냄새를 풍기던 뿌연 연기는 집안을 온통 굴속처럼 만들기 일쑤였다.

며칠 전. 그녀의 남편은 후배로부터 난로 피울 때 사용하면 좋다는 일회용 가스 점화기를 선물 받았다. 신기하게 잘 붙는 불길을 보며 그녀의 남편은 신통한 물건이라고 좋아했다. 그녀는 난로에 불붙이는 일 하나로 자랑스럽게 의기양양해 하던 남편 모습을 떠올리며 소리 없는 웃음을 흘렸다. 난로 몸통 가운데 하마 입처럼 커다란 입구가 있다. 여닫는 손잡이의 차가운 감촉에 진저리 치며 머리를 디밀고 장작을 쌓았다. 찢어진 종이 몇 장을 구겨서 잔가지 틈으로 밀어 넣었다. 활활 타오르는 나뭇결의 모양을 상상하며, 난로 옆에 가지런히 세워둔 일회용 가스 점화기를 집어 들었다. '탁' 소리가 나게 버튼을 눌렀다. '쉬익' 바람 빠지는 소리가 들렸다. 갑자기 종이에 불이 붙는가 싶더니 '펑' 소리와 함께 불길이 난로 밖으로 밀려 나왔다. 화끈거리는 얼굴을 두 손으로 감싸며. 화들짝 놀란 그녀가 엉덩방아를 찧고 난로에서 떨어졌다. 정신을 가다듬을 사이도 없이 벌떡 일어난 그녀는 주방으로 달려가 냉수 한바가지를 불길을 향해 쏟아 부었다. 번지는 물방울 속에서 '지지직' 불길이 잦아드는 소리가 났다. 마치 악몽에서 깨어날 때처럼 그녀는 벌겋게 부풀어 오르는 두 손을 바라보며 생각을 잃어 버렸다. 두근거리는 가슴을 쓸어내리며 겨우 정신을 차린 후, 이웃에 살고 있는 친구에게 도움을 요청 했다.

"아니, 큰일 날 뻔 했네. 정말 다행이다!"

급하게 달려와 응급처치를 해 주며 이웃집 여자는 연신 다행이라고 중얼거렸다. 서너 시간이 지나 소식을 듣고 들어온 그녀의 남편은 볼 멘 소리를 뱉어 냈다.

"어떻게 그런 위급 상황에서 남편에게 연락을 하지 않을 수 있어!"

그녀는 그날 이후, 왜 위급한 상황에서 남편이 제일 먼저 생각나지 않았을까 고민하기 시작했다. 이십여 년을 함께 살아 온 남편 아니던가. 그동안 그가 하는 일에 묵묵히 내조를 해왔던 그녀의 삶이 물집을 만든 화상 속에서 어른어른 그림을 그렸다. 남편을 만나 가족을 이루며 살아온 날들을 기억해 낼수록 평범했던 일상들뿐이다. 목회자로 선교 활동을 자처한 그녀의 남편은 항상 가족보다 네팔의 가난한 사람, 힘든 사람들이 먼저였다. 그래서일까. 네팔의 수도 카투만두에서의 열악한 생활은 변화를 두려워 할 틈도 없이 아이들조차 힘들게 만들었다. 문화와 정서가 다른 나라에서 언어조차 통하지 않으니 하루하루가 실수와 시행착오의 연속이었다. 한 가지씩 다른 나라의 관습을 터득할 즈음, 그녀의 남편은 뱅갈이를 익히며, 네팔 아이들을 보살피며, 봉사를 낙으로 삼는 사랑의 전령사로 변해 있었다. 그가 네팔아이들을 생각하는 시간이 길어질수록 그녀는 남편이 가족에게서 멀어진다는 느낌을 받았다. 고아원 아이들에게 피아노 레슨을 보내는 남편이 싫어졌다. 아들이 원하는 자전거는 사 주지 못하면서 고아원 아이들 겨울 잠바를 걱정 하는 남편이 낯설게 보였다.

"당신은 아이들 엄마잖아, 자주 고아원에 들러 봐!"

그녀는 그런 남편의 말조차 강요당하는 듯해 거부감이 생겼다. 가슴으로는 남편의 봉사 활동에 대한 열정에 탄성이 흘러나왔다. 자신의 믿음에 대해 거세게 흔들리는 마음이 더욱 혼란을 불렀다. 아이들과 자신을 가족이란 울타리에서 밀어내는 듯 보이던 남편 옆에서 그녀는 식욕을 잃고 외로움에 허우적거렸다. 인건비가 싼 탓에 집안 청소며 빨래는 뱅갈 여인이 도맡아 해 주고 있다. 한국에서 같으면 어림도 없는 호사를 누리고 있지만, 주부 역할에 흥미를 잃은 듯 시들해져 갔다. 그럴수록 기도에 매달리며 한국 정서와 네팔 정서를 아우르지 못한 채 닫혀져 가는 그녀의 마음 문이 오늘 따라 더욱 단단해 보였다.

둘

그의 아들은 울었다.
"누나도 한국을 더 좋아해요!"
유리구슬만한 눈물이 뚝뚝 떨어진다. 그의 아들은 얼마 전부터 아빠가 무섭다고 말했다. 한국에서와 달리 아빠는 가족 대신 고아원의 아홉 아이들만 사랑하고 있어 슬프다며 가는 한숨을 내 뱉는다. 네팔에서의 아빠는 아들은 강하게 키워야 한다며 엄한 표정을 지었다. 하지만 고아원의 아이들에게는 인상 한 번 찌푸리지 않았다. 고아원 아이들이 너무 사랑스럽고, 너무 예쁘다고 말하는 아빠의 얼굴엔 언제나 웃음꽃이 피었다. 그럴 때마다 그의 아들은 아빠와 마주 앉기를 싫어했다.
"돈 많은 나라에서 왔으면 더 잘해야지!"
그의 아들은 자신을 훈계할 때면 내뱉는 담임선생님의 말씀을 이해 할 수 없었다. 한국은 돈 많은 나라이고, 네팔은 가난한 나라라는 뜻일까. 오늘도 담임선생님께 반 친구들이 뱅갈어로 자신을 놀려 화를 냈다고 말 하려는 찰나

여지없이 뺨을 얻어맞았다. 한국에서와 달리 네팔 학교에서는 선생님이 몽둥이를 휘두르며 수업을 했다. 교실에서 뛰거나 교복을 잘못 착용하면 뺨을 때리고, 회초리로 종아리를 때리기 일쑤였다. 외국에서 전학을 와 이곳의 전통을 미처 익히지 못해 벌어지는 실수조차 학교에서는 예외일 수 없었다. 그의 아들은 킥킥 거리는 친구들의 웃음소리를 듣는 순간, 자존심이 상해 견딜 수 없이 화가 치밀어 올랐다. 화끈거리는 뺨도 아팠지만, 많은 친구들 앞에서 변명 한 마디 못하고 맞은 사실이 더 억울하고, 창피했다. 갑자기 아빠가 원망스러워 졌다. 네팔만 오지 않았어도 한국 학교에서 선생님께 맞는 일 따위는 없었을 터다. 아빠가 하고 싶은 봉사를 위해 가족이 희생당한다고 생각하니 불공평하게 느껴졌다. 화를 누지르며 터덜터덜 집으로 돌아오면서도 분한 마음이 앞섰다. 책가방을 방에 던져 놓고 거실에 막 앉으려할 때 아빠의 목소리가 비수처럼 귓가에 꽂혔다.

"영어 공부 열심히 해야 좋은 중학교 들어갈 수 있다!"

그의 아들은 숨이 '컥' 막혀 왔다. 현지인 선생님에게 하루 서너 시간씩 영어와 뱅갈어 과외를 시키는 아빠였다. 그의 아들은 하고 싶은 말 마음껏 하며 뛰놀고 장난치던 한국의 친구들이 그리워졌다. 시간이 지나면 지날수록 네팔 학교가 싫어졌다. 기회가 되면 자신이 이곳에서 왜 고생을 하는지 물어 볼 사람을 찾고 싶어졌다. 아빠는 자신의 이야기에 귀를 기우려 주지 않는다고 그의 아들은 굳게 믿어 버렸다. 아빠가 자신을 위해 하는 말조차 잔소리로 들렸다. 밥 퍼 봉사 활동도 고아원에 가서 아이들과 함께 기도드리는 일도 하기 싫어졌다. 그의 아들은 네팔에 온 후 자신의 짧아진 팔소매와 바지단을 수시로 살피는 아빠의 말에 수 십 번, 아니 수 백 번 소리 지르고 싶었다.

"얘! 너 작은 옷 있으면 고아원 아이들 갖다 주자!"

"난 아빠의 그 말이 제일 싫다구요!"

밖으로 새어 나오지 않는 말을 목구멍으로 삼키며 그의 아들은 혹독한 사춘기를 겪고 있었다.

셋

그의 눈이 반짝 빛난다.

아홉 명의 아이들을 바라보는 눈길이 그윽하고 평화롭다. 가볍게 불어오는 서풍에 버드나무가 흔들리듯, 좁은 이마를 덮고 있는 머리카락이 희끗희끗 흙먼지를 맞고 있다. 어느 아이 한 명 체형이나 피부색이 닮아 있지 않았다. 키도 제각각이다. 나이도, 태어난 고향도 달랐다. 하지만 각자의 사연을 잊은 채, 지금은 한 집에서 밥도 먹고, 잠도 자고, 학교도 다니며 놀기도 하니 의형제가 분명하다.

그가 히말라야의 설산을 품고 있는 네팔에서 자리를 잡은 지 어느덧 두어 해가 흘렀다. 그동안 해발 1,300m의 구릉에 자리 잡고 있는 카투만두에서 그는 시대와 세월을 넘나들며 네팔인으로 살려고 노력했다. 옛 문화와 현대 문명이 공존하는 네팔은 그로 하여금 하나님의 말씀을 전달 할 수 있는 기회의 땅이었다. 그는 그동안 꿈꾸어 오던 봉사자로서의 삶을 선택 할 수 있도록 힘을 준 아내를 생각하며 흐뭇한 미소를 날렸다. 또한, 가족이란 울타리 안에서 무한한 웃음을 안겨주는 딸과 아들이 있어 행복했다.

"나는 당신이 하는 봉사 활동이 자랑스러워요!"

언제나 함박 미소를 지으며 밤낮을 가리지 않고 방문하는 손님들에게 밥상을 차려 주던 아내가 아니었던가. 하지만 선교지로 선택한 네팔에 정착한 후 아내가 달라졌다. 밥 냄새를 싫어하며 음식 먹기를 거부했다. 아이들도 네팔보다 한국이 더 좋다며 보내달라고 졸랐다.

얼마 전. 고등학교에 전학 시킨 딸아이가 울며 집으로 돌아왔다.

"학교 다니기 싫어요. 아이들이 노란 몽키라고 놀려요!"

영어로 수업을 진행하는 사립학교에서 그의 딸아이는 소통이 되질 않아 힘들어 했다. 네팔의 공립학교에서는 뱅갈어로 수업이 진행되는 반면에, 사립학교에서는 영어로 수업이 진행 되었다. 뱅갈어와 소수민족의 토속어와 영어까지 구사하는 네팔 친구들 속에서 이도저도 알아듣지 못하는 딸아이는 왕따를 당하고 있었다. 아무 준비도 없이 아빠의 선교지로 전학을 온 딸아이는 등교를 거부했다. 동물원의 원숭이마냥 자신을 쳐다보며 쑥덕거리는 일도 참기 어려운데 언어 소통의 부재는 딸아이를 부적응자로 만들기에 충분했다. 자신들보다 부자나라에서 온 딸에게 현지 아이들의 텃새는 견디기 힘든 고문이었다. 또래들 무리에 끼지 못한 채, 아빠의 선택에 반항을 일삼는 딸아이의 철없는 모습이 그를 힘들게 했다.

그가 할 수 있는 일이라곤 방안에서 두문불출 투정을 부리는 딸아이를 위해 기도를 하는 일 뿐이었다. 모든 일에 민감하고 예민한 청소년기의 딸아이는 자신의 존재감을 확인하고 싶어 했다. 하지만 학교에서조차 교실 밖에서만 맴돌아야하는 아이의 소외감을 부모는 채워 줄 수 없을뿐더러 이해해 주기도 버거웠다. 오랜 세월 지녀온 네팔의 관습과 정서를 익히고 알아가기에는 그의 딸은 이미 한국의 생활 문화에 익숙해 있었다. 그런 딸아이를 지켜보면서 그는 부모 역할도 시행착오의 연속임을 깨달았다. 그러며 자신이 운영하는 고아원의 아이들에게 정말 많은 사랑을 나누어 주고 있는지 의심스러워 졌다. 고아원 아이들 말만 나오면 짜증을 부리는 아들도 나이를 먹고, 세상을 살아가다 보면 아빠가 선택한 삶에 박수를 보내 주지 않을까.

결국, 그의 딸아이는 한국으로의 귀국을 선택했다. 고아원 아이들과 노는 일조차 거부하던 아들을 위해 그의 아내는 부자만의 대화를 위한 여행을 부탁했다. 그는 가난하고 무지한 아이들에게 새 희망을 심어 주기에 바빴던 시간 동안 낯선 타국에서 마음고생을 일삼은 가족들이 새삼 고마워졌다.
  오늘도 그는 꿈꾼다. 아내와 아들과 함께 고아원의 아이들이 식탁에 빙 둘러 앉아 맛난 아침식사를 나눌 수 있기를. 아내에게는 또 다른 사랑을 만들어 줄 수 있기를.

사랑의 언어

　소나기가 한 차례 퍼 붓고 지나갔다.
　부채 살처럼 퍼지는 햇살 사이로 무지개가 떴다. 오랜만에 만나는 일곱 빛깔의 향연이다. 곱디 고은 색의 조화에 탄성을 지른다. 머리꼭지까지 치솟은 환희에 붉은색 넝쿨 장미 끝이 파르르 진저리 친다. 그 유혹을 물리치지 못해 한 송이를 꺾어 버렸다. 장미꽃 줄기에서 향기보다 진한 비명이 새어 나온다. 순간, 꽃은 꺾는 게 능사가 아님을 깨닫는다. 꺾인 부분은 상처가 아물듯 말라 가겠지만, 잘린 꽃송이는 시간이 흐를수록 시들어 제 향기와 모습을 잃어버릴 터였다. 감상에 젖어 무심코 행한 일이 후회된다. 담을 타고 길게 뻗은 넝쿨 장미가 무지개 빛깔을 담뿍 받아 진한 향기를 오래도록 풍길 수 있게 그냥 놔뒀어야 했다. 찰나의 실수로 내 집 앞을 오가는 모든 이들에게 붉은 자태를 보여주며 환희와 희망을 선사 할 기회조차 장미에게서 빼앗아 버렸다. 줄기에 박힌 가시가 나를 향해 일제히 고개를 들고 달려드는 착각에 빠진다. 꽃이 예쁜 만큼 가시는 독을 뿜어 내 자신을 보호 하려는 걸까. 그 위용이 서늘하다.

해마다 무성해 지는 넝쿨 장미를 볼 때마다 착각에 빠져들곤 한다. 몽글몽글 피어나는 꽃송이 하나하나에 사랑을 기록하는 일이다. 너는 붉은색을 품었으니 큰딸아이에게 열정을 심어다오. 너는 가시를 지녔으니 작은 딸아이에게 혼자 견딜 수 있는 인내심을 보여 다오. 너는 넝쿨을 뻗으니 가족을 위해 고생하는 남편에게 편안히 쉴 그늘을 만들어 다오. 중년을 넘겨 환갑으로 치닫는 내겐 너의 향기를 심어 다오.

하지만, 축축 늘어진 넝쿨 장미 이파리들은 내게 '떠나라, 떠나라' 계속 재촉 한다. 얇아진 옷자락을 나폴 거리며 길 따라 걸어 보라 한다. 어디로 갈까. 향기에 취한 내 일상은 푸르른 초여름의 계절에 부담 없이 떠나보는 일탈을 선택한다. 마음속은 아직 이팔청춘을 닮았다. 작고, 새로운 사물만 봐도 감상에 젖는다. 그런 나는 나이와 상관없이 누구에겐가 사랑받고 싶은 여자가 분명하다.

버스를 타고 오는 동안 내내 어젯밤, 남편의 볼멘소리가 자꾸 뒤 꼭지를 따라왔다.

"자기는 매일 바빠서 안 놀아 주잖아!"
"아뿔싸!"

어린 아이도 아니면서 웬 투정을 부릴까. 생각해 보니, 각자 바쁘다는 핑계로 얼굴을 마주보고 함께 식사를 한다거나, 대화를 나눈다거나, 아이들 문제로 의견을 물어 본다거나 했던 일이 까마득하다. 속마음은 그런 남편이 이해되었지만 겉으론 퉁명스럽게 말을 받았다.

"그럼 진작 심심하다고 말을 하지 그랬어요!"
"마누라랑 집에서 차 한 잔 하는데도 시간 약속을 해야 돼?"

말투부터 무언가 한참 비비 꼬여 있다. '아니, 이 남자가 왜 이러지. 자기만 힘든가. 나도 바쁘고 힘든데.' 갑자기 부아가 치밀어 올랐다. 되받아 언성이 높아지려는데, 책에서 읽었던 사랑의 언어가 머릿속을 비집고 튀어 나왔다.

우리는 '사랑한다, 좋아한다'라는 언어 사용에 익숙하지 않은 탓일까. 살면서 자기감정에 충실하지 못해 곤욕을 치르는 경우가 종종 있다. 특히 나는 더욱 그러하다. 새삼스럽게 '사랑의 언어'라는 말에 두 귀가 솔깃해 졌다. 첫째, 칭찬해 주기, 격려해 주기, 인정해 주기. 둘째, 같이 시간을 보내며 대화하기. 셋째, 선물해 주기. 넷째, 봉사해 주기. 다섯 째, 스킨쉽 하기. 과연 이 다섯 가지 중에 남편에게 원하는 일이 무엇이며, 내게 남편이 원하는 행동은 무엇일까. 곰곰 생각해 봐도 연애 시절부터 삼십 여년을 넘게 살아온 남편이건만 속마음을 헤아릴 수 없다. 애정이 식은 탓은 아닌데. 무심한 아내가 된 듯싶다. 그동안 완벽한 아내 노릇, 완벽한 엄마 노릇을 위해 시간을 쪼개며 애써 왔다. 그런데 나는 두 번째 사랑의 언어인 '같이 시간을 보내며 대화하기'를 혼자 원하기만 했지, 실천하지 못하고 살아왔다. 어쩌면 남편도 두 번째를 사랑의 언어로 가슴속에 품고 살아왔는지 모를 일이다.

나이를 먹을수록 남을 칭찬하는 일에 익숙하지 못했고, 남편을 격려해주거나, 인정해 주는 일에 인색했다. 부부 사이에 애정이 돈독해지려면 가장 가까이에 있는 남편을 격려해 주고 인정해 주는 일이 내가 행복해 지는 지름길임을 붉은 장미 넝쿨을 보며 깨닫는다. 그동안 밖에서 일만 하는 아내를 묵묵히 참아준 남편에게 고맙다는 언어로 표현 해 본 적 있었는지 기억을 되짚어 본다. 잘난 척만 하고 다니던 내가 '떠나라' 재촉하던 장미의 유혹에 빠져 길을 나선 후에야 새삼스레 남편 입장이 되어 생각해 볼 여유를 가졌다.

"당신은 다섯 가지 사랑의 언어 중에 어떤 말을 선택하고 싶으세요?"

"글쎄, 당신은 날 인정해 주지 않잖아!"

남편의 가시 돋친 말이 공허하게 담장 끝까지 울린다. 놀랜 장미꽃 이파리가 파르르 떨다 휘날린다. 오늘 따라 해마다 가지를 늘리는 넝쿨 장미의 줄기가 대견스럽기만 하다. 가시를 감춘 채, 자신의 장점만 뽐내기 하는 꽃 이파리의 유혹이 더욱 사랑스럽다.

'사랑한다, 사랑한다' 말을 해 주면 항상 이팔청춘의 마음으로 살아가고 싶은 내게, 남편도 '사랑해, 사랑해.' 하며 포옹이라도 해 주겠지.

사랑이라 더 슬프다

 그는 언제나 말이 없다. 목덜미의 두툼한 두께가 볼수록 중후하다. 떡 버티고 앉아 있는 기품 또한 늠름하기 짝이 없다. 쌍꺼풀 패인 두 눈을 깜박거릴 때면 근심걱정도 없어 보인다. 흰색이 무척 어울리는 그는 고고한 학처럼 지조를 앞세운다. 그는 진정 사내 중에 사내였다.
 내가 그와 인연 맺게 된지 일 년여가 흘렀다. 만남의 시간이 짧긴 하지만 그를 볼 때마다 오래된 지기처럼 애틋하고 살뜰한 감정이 앞서곤 한다.
 지난 초겨울. 바람이 코끝을 시리게 하던 아침나절이었다. 돌담 사이로 지치고 피곤해 보이는 그가 터덜터덜 다가왔다. 집 앞에 묶여 있던 짱구를 보고 걸음을 멈췄다. 그는 알고 지낸 사이처럼 서로 만져 주고 비벼주며 친구인양 다정한 척 떨어질 줄 몰랐다. 묶여만 있던 짱구는 그가 마음에 들었는지 겅중겅중 매달렸다. 오후가 되어서야 짱구 곁에서 떠나지 않는 그에 대해 궁금증이 발동했다.

 어디 사는 누군지 모르지만, 둘에게 거나한 밥상을 차려 주었다. 음식을 보자 까만 눈동자가 흔들렸다. 인사도 건네지 못한 채, 그는 허겁지겁 밥그릇을 비웠다. 얼마 동안 굶었을지도 모른다는 측은지심이 목줄기를 타고 올라왔다. 사람을 좋아하고 따르는 모양새가 떠돌이는 아닌 듯 보였다. 더구나 큰 덩치와 날렵한 몸채와 흰색 털빛이 잡종이 아닌 족보 있는 가문의 혈통 같았다. 어찌하다 주인을 잃어버렸을까. 혹시라도 나쁜 장사꾼에게 걸려 잡혀가다 탈출했을까. 아니면 피치 못 할 사정이 생긴 주인이 버리고 갔을까. 행동이 영리한 그를 보면 볼수록 온갖 추측은 안타까움만 쌓이게 했다.

 우리 집에 눌러 앉아 더부살이를 시작한 그에게 아이들은 서슴없이 '철수'라는 이름을 붙여 주었다. 녀석은 훈련을 받은 적이 있었는지 아무리 배가 고파도 기다릴 줄 알았다. 사람에게 매달리거나 달려들지도 않았다. 좋아도 반가워도 꼬리만 흔들었다. 하지만 우리 집에 머물게 된 날짜가 길어질수록 철수는 오후만 되면 먼 곳을 바라보며 하울링을 하기 시작했다. 고개를 쳐들고 애절하게 울어 대는 그의 모습에서 간절함이 묻어났다. 누구를 저토록 그리워하는 것일까. 아니면 집을 잃은 자신의 처지를 한탄이라도 하는 걸까.

　제주도에는 육지에서 온 관광객들이 기르던 애완동물을 버리고 간다는 통계가 심심치 않게 발표되곤 한다. 그래서인지 길거리나 골목에서 노숙 하는 유기견들을 자주 볼 수 있다. 그들이 먹이를 구하지 못해 사나운 들개로 변신 하는 일은 당연지사다. 저녁나절 무리 지어 다니는 녀석들과 마주치면 처지를 걱정하기보다 무섭고 두려워 긴장감이 앞섰다. 나도 모르는 사이 사람이 돌보던 그들을 경계하기 시작했으니 인간처럼 간사한 동물은 아마 없을 게다. 시간이 지날수록 우리와 친숙해진 철수의 하울링은 줄어들었다. 하지만 가슴에 간직하고 있을 '그리움'을 무시 할 수는 없었다.

　그의 몸매에 기품이 도드라질수록 민첩함과 영리함은 많은 사랑을 받게 되었다. 우리 가족이나 손님들이 바닷가 산책을 갈 때면 점잖게 꼬리를 흔들며 앞서거니 뒤서거니 안내자 역할을 톡톡히 했다. 몇 걸음 앞서가다 사람이 따라오는지 확인을 하듯 멈춰 서서 기다리곤 한다. 그를 따라가다 보니 어느새 바닷가가 나오고 돌아오는 길을 쉽게 찾았다며 손님들은 칭찬을 아끼지 않았다.

　그러던 어느 날, 철수에게 여자 친구가 생겼다. 며칠 전부터 철수에게 밥을 주면 도통 입을 대지 않았다. 걱정을 할 때 쯤, 철수 밥그릇에 열심히 코를 박고 있는 여자 친구를 발견했다. 그제야 철수가 떠돌이를 만나 사귀고 있음을 알게 되었다. 그의 여자 친구는 사람들 곁에 다가오기를 꺼려했다. 그녀는 사람과 살아 본 적 없는 노숙견이 분명했다. 여자 친구의 배고픔을 알고 자기 밥을 먹지 않은 채, 양보 하는 지극한 철수의 순애보에 그만 깜짝 놀라고 말았다. 식탁 앞에서는 사람도 참기 힘든 일인데 여자 친구를 위해 자신의 밥을 양보하다니! 가족을 만들고 싶은 철수의 간절한 바람이 피부 속 깊은 곳까지 파고들었다. 사람이 아무리 사랑을 해 주어도 제 동족만 하겠는가. 애처로운 마음에 두 그릇의 밥그릇을 준비해 주자 철수는 제 양의 밥을 먹기 시작했다. 사람이 있으면 집 앞 어귀에 있는 전봇대까지 밖에 오지 않던 그녀도 밥을 주는 우리에게 서서히 마음을 열었다. 조금, 조금씩 집안 마당까지 들어와 놀다 가는 그녀에게 '영희'라는 이름을 붙여 주었다.

영희가 우리 집 마당에 누워 낮잠을 자기 시작할 무렵. 동네에는 이상기류가 흐르기 시작했다. 여러 마리의 수컷들이 영희 주변을 맴돌수록 철수의 신경은 날카로워 졌다. 밤마다 그들과 혈투를 벌이는 횟수도 잦아졌다. 귀가 뜯겨 피를 철철 흘리며 들어온 철수를 보고 식구들은 대책 마련에 급급했다. 사랑하는 그녀를 지키기 위한 노력이 필사적이라 객지에서 들어 온 철수에게 텃새까지 부릴지 모르는 동네 수컷들이었다. 우리는 철수에게 확실한 주인이 되어 주기로 했다. 일단 영희를 뒤뜰에 묶어 놓고 어슬렁거리는 수컷들에게 불호령을 내렸다. 슬슬 동네 개들의 집단행동은 무산되고, 철수는 영희가 묶여 있으니 자기 여자라고 선포를 한 셈이 되었다. 뜯긴 귀가 아물 때까지 며칠을 끙끙거리던 철수의 시선은 영희에게서 떨어질 줄 몰랐다. 아픈 철수를 바라보는 영희의 마음도 사랑이라 더 슬플지 모른다.

 사랑의 감정은 사람이나 동물이나 모두 똑같을 듯싶다. 한 사람만을 일편단심 의지하며 믿고 평생을 살아갈 수 있다면 세상은 아름다운 실낙원이 될 지도 모를 일이다. 자유연애를 하는 견공들이라 인식했던 철수와 영희의 애정관을 살펴보며 문득 '너'와 '나'의 일 순위는 사랑하는 남편이고 아내여야 함이 행복이라는 생각이 들었다.

 이제 영희는 철수와 자신을 닮은 세 마리 강아지를 낳아 열심히 젖을 물리고 있다. 이들 부부가 낳은 강아지들은 엄마 아빠와 함께 살 집이 있어 더욱 행복하겠지.

생야일편부운멸 生也一片浮雲滅

아무리 찾아 봐도 없다.

시집 온 지 삼십 년이 흘렀다. 그동안 친정아버지 사진 한 장 지니고 있지 못했나. 앨범을 뒤지고, 서랍 속을 헤집어 봐도 친정아버지 홀로 찍은 명함판 사진조차 보이질 않는다. 당황스럽다. 생각이 정지 된 듯, 기억에 저장된 아버지의 모습은 사라져 버린 듯하다.

그동안 정말 무심 했다. 어떻게 딸이 되어 친정아버지 독사진 한 장 보관 하고 있지 못했단 말인가. 뒤지고 뒤져 찾아낸 사진 속 아버지는 손주, 손녀들과 혹은 가족들과 함께 웃고 계실 뿐이다. 어찌 생각하면 다행인 흔적들이다. 하지만 병든 아버지 모습에 서서히 숨어들던 죽음의 기운은 자꾸 눈물만 흐르게 했다.

폐암 말기 진단을 받던 7개월 전. 통통 부어 오른 눈두덩과 발등은 봄날 바람에 흔들리다 떨어지는 벚꽃 송이마냥, 뽀얗고 부드러워 보였다. 만지면 손가락 자국이 선명하게 원을 만들고, 누르면 터질 듯 부풀어 오른 사이로 눈동자는 빛을 잃고 곡예를 한다. 림프와 간 등 다른 장기에도 전이가 되어 수술도 불가능하다고 했다. 여든 다섯의 나이는 항암 치료조차 힘들다며 담당과장도 고개를 저었다. 그동안 아버지 집을 들락거리면서 병세를 눈치 채지 못했으니 뒤늦게 후회해도 소용없는 일이 되었다.

왜 딸이 아들보다 낫다고 할까. 친정 부모님과 산 세월보다 시집와서 가정을 일구며 살아온 시간이 더 많은 이즈음이다. 시어머니 식성은 암기를 하지 않아도 손이 먼저 움직일 정도로 척척 알고 있다. 하지만 친정 부모님에 대해서는 소소한 일상을 놓치며 살아 왔음이 분명하다. 아버지 식성도 모르고, 취향도 모르고, 기호도 모르고, 또 모르고 모른다. 그저 부끄럽고 아쉬운 마음만 앞서 그냥 옆에 있고 싶다. 얼마 남지 않은 이별의 시간을 기다리는 동안 아버지를 알고 싶었다.

어린 시절 아버지의 등은 태산처럼 커 보였다. 중국 광야에서 몇 시간 말을 타고 달리다 만난 태산의 높이가 거대해 보였다는 이야기가 진지하게 들렸던 순간처럼 아버지를 의지 하고 싶었다. 거나하게 취해 집에 들어오시는 날이면 어김없이 아버지의 노랫소리가 먼저 대문을 들어서곤 했다.
"죽장에 삿갓 쓰고 방랑 삼천리~"
출장을 다녀오시는 날이면 언제나 양 손에 과자가 가득 담긴 봉투가 들려 있었다. 먹거리가 귀하던 시절, 아버지의 꾸러미는 다섯 남매의 기대치 이상이었다. 그 때로 돌아가고 싶은 심정은 사랑이 아닌 연민이라 탓해도 부인 할 수 없다.
2016년 2월 21일 오후 2시경. 이천 호국원에 아버지를 모셨다. 매섭던 고추바람은 봄기운에 밀려 자취를 감춰 버렸다. 하늘에는 계절에 상관없이 뭉게구름이 떠돌고 있었다. 언뜻언뜻 2월의 햇살이 부챗살처럼 퍼져 머리 위에 꽂혔다. 따뜻했다. 아버지의 영정위로 따스한 기운이 파고드는 듯, 주위는 평화로워 보이기까지 했다. 이승과의 연을 끊을 때가 되었다며 바튼 기침 토하고 나면 넋두리처럼 되풀이 하셨다.
"살면서 빚 진 일 없어 다행이야."
전생에 우린 지은 죄가 많아 쌓인 업보를 씻기 위해 이승에서는 착하게 살아야 한다고 했던가. 아버지의 생애에서 다행은 빚을 진 일이 없음이니 성공한 삶 아닐까. 스스로 위안을 삼아 보는 딸의 속내는 영락없이 간사하다. 흐릿해지는 시야로 죽음을 느끼시던 아버지의 눈빛이 선하게 자리한다. 가슴 통증으로 아파 힘들어도 '괜찮다, 괜찮아'만

반복 하시던 아버지의 숨결이 서늘하게 마음 한 칸을 차지한다.

　세상 떠나기 전 날, 아침을 조금밖에 못 드셨다기에 전복죽과 매생이죽을 사다 드렸다.

　"어허, 맛있네, 맛있어."

　언신 고개를 주억 거리셨다. 그 말씀이 비수 되어 명치를 찌른다. 생각해 보니 평생 내 손으로 따뜻한 밥 한 끼를 대접해 드리지 못했다. 바쁘다는 핑계로 밖에서 사드리는 음식만 맛나다고 얼버무렸다. 두고두고 손수 끓여 드리지 못한 전복죽과 매생이죽은 부족한 내 행동 하나하나를 헤집어 놓기에 충분했다.

　"살만큼 살았어."

　자기 생生의 마지막을 누가 알 수 있을까. 아버지의 자조 섞인 목소리가 귓가를 서성댄다. 병원에서 진단을 받은 후, 반주로 드시던 술까지 과감히 끊으셨다. 하지만 담배는 도저히 내 칠 수 없다며 긴 연기를 뿜어내던 모습이 시나브로 겹쳐진다. 병원에서 옥상으로 향하는 엘리베이터의 층수를 누르면서도 내 위안 받기에 급급했다. 사시면 얼마나 사신다고 좋아하는 담배 한 모금 무슨 대수일까. 담배 피기 마땅한 장소로 옥상이 제격이라 주저 없이 안내 해 드렸다. 명을 재촉하는 일이라며 질색하던 의사의 충고 따위 내겐 소용없었다.

생야일편 부운기生也一片 浮雲起 / 삶이란 한 조각 구름이 일어남이요.
사야일편 부운멸死也一片 浮雲滅 / 죽음이란 한 조각 구름이 쓰러짐이다.
부운자체 본무실浮雲自體 本無實 / 구름 그 자체는 실체가 없느니.
생사거래 역여연生死去來 亦如然 / 삶과 죽음 오고감이 그와 같도다.
- 서산대사의 해탈 시에서

  사람이 태어날 때는 두 손을 꼭 쥐고 태어났다가 죽을 때는 두 손을 펴고 죽는다고 하지 않던가. 서산대사는 사람이 태어나는 일은 한 점 구름이 일어나는 것과 같고, 사람이 죽는 일은 한 점 구름이 스러지는 것과 같다고 했다. 하지만 우리네 삶은 생야일편부운멸이라 해도 지나치지 않을 듯싶다. 아버지께서 홀연히 혼자 떠나시는 길이 멀지 않았으면 하는 바람이다. 극락을 찾아가다 다리가 아파 그늘에서 쉬고 계실 즈음, 쫓아가 불러 볼 수 있었으면 참 좋겠다.
"아버지…."
  딸이 큰 소리로 부르면 돌아보고 함박웃음 보여 주시겠지.

회귀 본능

독수리 서너 마리가 머리 위에서 맴을 돈다.

녀석들은 물속을 일렁이게 하는 먹이를 노리고 있다. 캐나다 밴쿠버 아일랜드에 살고 있는 연희씨 집 주변을 산책할 때였다. 근처 공원에 있는 좁고, 얕은 자갈투성이 개천에서 철벙거리는 소리와 함께 물방울들이 튀어 오른다.

"셸몬 피쉬!"

연희씨 아들은 환호성과 동시에 다리 밑으로 내달렸다. 낮은 물 깊이로 인해 등지느러미가 허옇게 들어난 연어가 무리 지어 상류로 거슬러 올라오고 있다. 말로만 듣고, 책에서만 보았던 연어의 회귀. 연어는 바다에서 민물로 거슬러 올라와 강 상류 어딘가에 있는 자신이 태어난 곳에서 알을 낳고 죽는다 했던가. 내 상식은 이렇게 작은 개천도

통과해 상류의 산란장을 찾으리라고는 상상도 못했다. 남한산성에서 본 듯한 계곡의 폭과 수량을 닮은 좁은 개울물도 거슬러 올라가야 하다니! 끝도 보이지 않는 행렬은 마치 명절을 맞이해 고향을 찾아 나선 귀성 차량처럼 꼬리에 꼬리를 물고 물보라를 일으킨다. 어떤 어려움도 참아낼 각오가 되어 있는 듯 자신이 태어난 고향을 찾아오는 본능은 그들을 더욱 경이롭게 만들었다.

독수리 한 마리가 쏜살같이 물 가운데로 꽂혀 내렸다. 그 기세에 눌린 강 중심이 넓게 파장을 일으킨다. 놀라는 내 표정이 재미있다는 듯 생글거리던 연희씨 아들은 더욱 신바람이 났다. 해마다 늘 봐왔던 아이는 익숙한 몸놀림으로 연어를 도와준다. 푸득거리는 물고기를 잡으려 애 쓰기보다 연어들이 헤엄을 잘 칠 수 있도록 물속에 뒹구는 장애물들을 치워주느라 분주 했다.

그곳까지 올라오느라 지친 연어들의 표피는 상처로 얼룩져 벌건 살이 드러나 보였다. 허연 몸통을 드러낸 채, 자갈돌에 걸려 죽어 나자빠진 연어들도 드문드문 눈길을 붙잡는다. 수량이 적은 바위틈에서 물길을 찾지 못해 허우적대다 죽어가는 연어들도 지천이다. 한동안 이리저리 뛰던 아이는 죽은 연어가 불쌍하다며 깊고 넓은 물줄기를 만들어 준다. 손만 뻗치면 개천을 거슬러 올라가는 연어를 잡을 수도 있건만, 아이는 동동 거리며 자갈을 치우고, 나뭇잎을 치우며, 수로를 넓혔다. 작은 들통 하나만 있으면 손으로 쓸어 담아도 잡힐 듯한 연어 떼였다. 부모에게서 자연 보호 방법을 일찍부터 배운 탓인지 아이는 작은 손으로 열심히 돌멩이를 치워주며 물길을 터 준다.

코트니에서는 해마다 산란을 위해 회귀하는 연어를 잡는 일이 금지 되어 있다. 바다에서 강까지 거슬러 올라오다 죽는 녀석들은 곰이나 갈매기, 독수리, 또는 다른 잡식 동물들의 먹이가 된다. 11월쯤이면 마을엔 죽은 연어의 썩는 냄새가 진동 했다. 관할 부서에서는 일정한 시기가 되면, 한 사람당 잡을 수 있는 숫자를 정해 놓고 연어잡이를 허용한다. 그물로는 절대 포획해서 안 되며 낚시로만 잡아야 한다. 그런 이유는 환경보존 차원에서 자연을 있는 그대로 지키자는 의미였다. 정해진 규정이 잘 실천되고 있으니 많은 연어들이 자유롭게 힘들어도 제 고향을 찾아오는 듯싶다.

가을이 지나 초겨울로 접어들 때쯤이면 숲의 동물들에게는 먹이가 궁핍한 시기이다. 겨울잠을 자기 위해 기초 체력을 보강해야 하는 곰들에게 산란장을 찾는 연어 떼야말로 고소하고 기름진 단백질 공급원이 된다. 또한 독수리나 까마귀 떼에게도 죽은 연어의 살 한 점이 요긴 할 수 있다. 한 마리 죽은 연어의 살점이 그들에게는 삶과 죽음을 갈라 놓을 수도 있지 않을까. 동물들이 뜯어 먹고 남은 연어의 시체는 주변 숲의 풀과 나무에 영양분을 공급해 주는 비료

구실을 톡톡히 한다. 그 영양분의 찌꺼기들은 우기에 다시 바다로 흘러들어가 산산조각으로 흩어져 플랑크톤의 먹이가 되지 않을까. 자연 순리에 의한 먹이사슬의 관계는 육지와 바다를 풍요롭게 만든다. 플랑크톤을 먹고 자란 연어 새끼들은 넓은 바다에서 질긴 생명력을 과시하다 다시 고향을 찾아 회귀한다. 사람들에게 자연의 역순환 원리가 환경을 지키고 자연을 사랑하는 미덕으로 남아 경각심과 감동을 불러일으킨다.

'흐르는 강물을 거꾸로 거슬러 오르는 연어들의 도무지 알 수 없는 신비한 비밀.' 어떻게 녀석들은 강을 거슬러 오른단 말인가. 연어들이 회귀할 때, 강물의 흐름을 방해하는 장애물이 있는 경우 그 주위엔 작은 소용돌이가 발생한다. 맞바람을 비스듬히 받아 바람을 거슬러 가는 범선처럼 연어 또한 이러한 소용돌이를 이용해 급류를 타고 올라간다. 아무 장애물이 없는 강물에서 직선으로 헤엄쳐 올라가다 소용돌이가 발생하는 곳에선 좌우로 몸통을 많이 움직인다. 미국 하버드대와 매사추세츠공대 공동연구팀은 소용돌이 속에서 헤엄치는 일이 물보라가 튀어 생각보다 덜 힘들다는 사실을 밝혀낸 후, 과학전문지인 ≪사이언스≫에 표지논문으로 발표했었다. 이 연구팀은 연어과에 속한 무지개송어 12마리를 실험실 수조에 넣고 소용돌이를 발생시켰을 때 헤엄치는 모습을 조사했다. 그 결과 무지개송어는 소용돌이를 뚫으며 헤엄치지 않고 그 사이를 피하듯 좌우로 몸을 흔들며 헤엄친다는 사실을 발견 했다. 연구팀은 소용돌이가 강물의 흐름을 거슬러 올라가는 연어를 밀어주게 된다고 믿었다. 소용돌이가 역방향으로의 진행에 도움을 준다는 사실은 연어의 근육 활동 조사에서도 확인된 바 있다. 근육의 활동 강도는 소용돌이가 없는 곳에서 더 크게 나타났다. 결국 소용돌이가 있으면 연어가 강을 거슬러 올라가는데 힘을 덜어준다는 사실이 입증된 셈이다. 과학적으로 나타난 현상들이야 이렇다 해도 연어의 회귀 본능은 강한 인내심의 발로라는 낡은 틀을 버릴 수 없다.

안도현의 ≪연어≫가 아니라도 우린 연어의 일생에 얼마나 많은 감동을 받아 왔던가. 강릉 남대천에 해마다 연어가 회귀한다는 뉴스를 접할 때 마다 그곳으로 달려가 보고 싶었다. 눈으로 확인하고 싶은 사실은, 연어들의 힘든 사투와 함께 죽음에 당면해서도 삶에 적응하는 깨우침이다. 팔뚝만한 녀석들이 무리지어 몰려오는 광경은 자연의 이치가 만들어낸 한 폭의 수묵화를 연상시킨다.

고단한 삶의 마무리를 위한 아름답고 처연한 행진은 부끄럼 없는 삶을 담담하게 받아들이는 신의 속성을 닮았다. 은빛 몸통을 드러내 놓고 자신의 종족 번식을 위해 사투하는 의연한 모습. 아, 우린 부끄럼 없는 부모인가! 굳이 반성하지 않아도 찾을 수 있는 답이다. 까부라진 연어들의 사체를 바라보며, 사라진 눈 주위에서, 부딪혀 군데군데 허물이 벗겨진 몸통에서, 갈라진 지느러미에서 자신의 운명을 거부하지 못한 채, 순응하는 초자연적인 죽음은 자식에 대한 연어들만의 사랑 방식일 수밖에 없다.

  삶은 언제나 후세를 남기는 소중한 흔적 아니던가. 연희 씨 아들의 바지는 어느새 물에 흠뻑 젖어 있다. 아이의 얼굴에 피어 있는 웃음꽃은 민들레 홀씨처럼 나풀나풀 날아다니며 큰 강물을 만들어 놓았다.

심도 길을 가다

끝이 보이지 않는 길.

그 길을 두 발로 천천히 걸어서 간다. 등에 작은 배낭 하나 둘러메고 느리게 걷는다. 섬은 동그랗게 물로 원을 그리고 있다. 잔잔하게 빠졌다 소리 없이 늘어나는 물살에 인연을 심으며 발길을 옮긴다. 앞서거니 뒤서거니 발자국 소리를 듣지 못해도 코에 와 닿는 냄새로 옆 사람을 느낀다. 한쪽에서 카메라 셔터가 '찰칵' 비명을 지른다. 한 컷의 사진을 찍기 위해 소풍 나온 유치원생마냥 천진스런 분위기가 겨울 햇살처럼 눈부시다.

심도는 강화도의 옛 지명이다. 오래전에 불리던 이름을 잃어버린 강화도는 이제 섬이 아니다. 내 기억 속의 섬은 배를 타고 건너야 했다. 하지만 김포시와 연결된 다리는 강화도가 더 이상 섬이기를 거부한다. 언제부터인가 강화대교와 초지대교를 도보로 건너보는 꿈을 꾸었다. 쌩쌩 달리는 자동차로 일 분이면 건널 수 있는 대교를 낭창낭창 걷고 싶었다. 걷다가 지루하면 교각 아래 소용돌이치는 너울을 바라보며 아찔한 현기증도 느껴 볼 일이다. 또 걷다가 지루해 지면 하늘을 올려다보며 눈부신 태양과 두둥실 떠다니는 구름에게 손짓도 해 볼 일이다. 그래도 걷다가 지루해지면 가만가만 강화의 옛 모습을 상상해 볼 일이다. 지붕이 낮은 집들과 재래식 화장실이 드문드문 남아 있는 강화에서 소달구지를 만나고 싶은 욕심도 부려본다. 지게를 지고 밭으로 향하는 촌로의 등 뒤에서 물 한 잔을 청하는 상상을 하다 보면 절로 미소가 번져 나온다.

매주 수요일. 우리 일행은 사라져 가는 심도의 흔적을 기억하기 위해 나들길을 찾는다. 이제는 진흙집 보다는 시멘트와 대리석으로 멋을 낸 모텔, 펜션, 음식점이 더 많은 숫자를 차지하고 있는 강화도이다. 서서히 사라져 가는 섬마을의 풍물도 아쉽지만, 시대에 따라 변하는 인심은 옛것을 더 그리워하게 만든다. 길을 걷다보면 또 다른 길을 만나게 된다고 했던가. 마을도 골목길도 시간이 흐르면 흐를수록 부식되고 망가져 현대식으로 고쳐질테니 볼 수 있는 날이 사라질 듯 해 마음만 조급해 진다. 급변하는 문명은 촉각을 다투며, 강화도를 섬이 아닌 육지로 변화 시킬 터이다. 하루라도 빨리 강화도를 걸어 볼 기회가 생겼으니 행운이 아닐 수 없다. 더구나 그 길을 함께 걸어 주는 지인들이 있으니 외롭지 않아서 좋다. 앞 사람의 뒷모습만 바라보며 날숨과 들숨을 반복할 즈음, 나무에 매달린 리본을 발견한다. 저어새가 가리키고 있는 방향과 화살표를 따라가면 새 길이 기다리고 있다. 뻐근해져 오는 발목의 압박이 느껴질 때쯤 강화 나들길 제1코스인 '심도 역사 문화길 18Km'는 문화유적지가 안겨 주는 아련함으로 머릿속을 가득 채운다.

언제 이렇게 많이 걸어 본 적 있던가. 어린 시절 기억에서조차 찾을 수 없다. 아버지의 직업 탓으로 우리 집은 언제나 학교 옆이었다. 버스를 타기 위해 정류장을 찾아 걸어본 적도 없다. 요즘은 운동을 위해 걷기를 하는 세상이다. 예전 같으면 버스가 다니지 않는 동네였거나 돈이 귀하다거나 등의 이유로 걸어야만 했던 사연이 있다. 하지만 요즘은 건강을 생각해서 걸어야 한다는 당연성에 사람들은 현혹 되어 있다. 우리 전통을 지키고 옛 문화를 찾기 위해 걷기를 한다면 실소를 머금을 사람이 있을까.

북문 성벽을 끼고 가쁜 숨을 내몰며 북장대를 오른다. 큰 돌과 작은 돌을 짜 맞춰 놓은 성벽은 군데군데 헐었지만 몽골의 침략에서부터 병자호란과 병인양요를 지켜온 성곽답게 구릉지에서 겨울바람을 막고 있다. 발 아래로 조금 전 지나왔던 용흥궁과 고려궁지가 덩그러니 시선을 붙잡는다.

고려시대 존재 했던 궁궐 모습은 왕이 개성으로 환도하게 되자 몽골의 요구에 따라 건물과 성곽을 모두 파괴해 찾아 볼 수 없으니 서글픈 일이 아닐 수 없다. 고려시대에는 현재 인구의 10배가 넘는 인구가 강화도에 살았다고 한다. 작은 섬의 위용이 지리적 여건에 걸맞게 대단했음을 느낄 수 있는 장소 아닌가. 물이 흔해 논농사도 지을 수 있었다. 산을 끼고 있어 밭농사도 가능했다. 바다가 둘러쳐져 있어 어업도 발달 했다. 오곡백과 풍부하고, 자급자족이 자유로웠으니 외세의 침입에 시달려야 했음은 당연지사다. 조선시대 인조는 왕이 행차 시 머물 수 있는 행궁을 건립하고 강화 유수부, 규장외각 등을 세웠다고 한다. 하지만 병자호란 때 함락되었으며, 병인양요 때 프랑스군에 의해 완전 소실되는 등 수난의 흔적이 아픈 상처로 남아 있다. 고려시대의 궁궐터라고 하기엔 외소 해 보여도 아기자기한 지세의 아름다움은 한 시대를 풍미했던 선조들 지혜와 어울려 역사를 곱씹게 만든다.

민통선. 장총을 둘러맨 군인들이 민간인을 통제하고 있는 마을. 해병대 초소를 지나 북한 땅을 건너다 볼 수 있는 연미정에 올랐다. 조금 전, 옛 궁터와 성벽에서는 외세에 맞서 싸우던 조상들의 얼이 곳곳에서 빛을 밝히고 있어 숙연했다. 강화 8경 중 한 곳인 연미정은 오늘 동족상잔의 비극을 말없이 보여 준다. 월곶 돈대 안에 한가롭게 불어오는 겨울바람조차 철조망 사이를 들락거리며 망향가를 소리 내어 읊조린다. 임진강과 염하강이 만나는 지점인지라 서해와 인천으로 흐르는 물길의 모양이 제비 꼬리를 닮았다 하여 연미정이란 이름이 붙었다. 정자는 팔각지붕의 겹처마로 돌기둥 위에 10개의 기둥을 앉혀 건축한 민도리집이다. 목수의 짜맞춤 결구 방법이 정자를 버티고 있는 힘이라면 서해 바다의 풍광에 걸려 있는 뱀섬은 또 다른 경종이다. 모양이 뱀처럼 생겨서 뱀섬이라지만 우리에겐 북에서 떠내려 온 황소를 기억하는 일에 익숙하다. 마주 바라보이는 북녘 땅이 가까이에서 나타났다 멀어지기를 반복한다. 옛 시절엔 서해로부터 서울로 가는 배들이 연미정 밑에 닻을 내리고 조류를 기다렸다 한강으로 들어갔다고 한다. 그만큼 물살이 거센 지역이다. 무역의 중심지에서 청나라와는 강화조약을 맺었던 굴욕의 현장이다. 수 백 년 된 정자나무는 역사의 흐름을 묵묵히 지켜보고 있지 않았던가.

최단거리에서 같은 민족끼리 총부리를 겨누고 있는 곳. 두 강이 어우러져 한 곳으로 합류 하는 지형의 의미는 무엇일까. 급물살을 타고 이제는 무엇이든 변해야 한다. 예전엔 외세의 침입을 막느라 급급했고, 지금은 지척에 고향땅을 두고 그리워만해야 되지 않는가. 금방이라도 심도 역사 문화길은 우리들에게 붉은 수수밭 같은 답을 보여 준다.

한민족 정기는 영원히 한민족다워야 하느니.

천국에 있는 것처럼, 우린

온통 하얗다.
키 큰 나무도, 키 작은 나무도 눈 속에 묻혀 버렸다. 길이 보이지 않는다. 상 하행선의 경계도 사라졌다. 마을도 꼬리를 감췄다. 미끄러운 눈길을 천천히 달리는 자동차 차창 밖으로 스웨덴의 시골 풍경이 백색 눈을 덮고 스쳐 지나간다. 사방에 백설기를 쪄 놓은 듯한 눈 빛깔은 햇살을 받아 노란 빛으로 반짝인다. 주위는 온통 황금물결을 이루며 순백의 이야기를 펼쳐 놓는다.
사내의 눈동자가 흔들린다. 미끄러운 노면위에서 지그재그로 자동차 바퀴가 춤춘다. 그럴 때마다 사내의 몸은 중심을 잃고 기울어진다. 시나브로 흐르는 기억들. 저쯤에 강이 흘렀지. 강에는 높은 다이빙대가 있었어. 어린 시절 친구들과 다이빙을 하며 놀았었지. 처음 다이빙대에서 뛰어내리던 순간, 겁도 나고 두렵기도 했지만 물과의 마찰음은 음악처럼 내 마음을 위로해 주었어. 이쯤에는 갈대숲이 있었지. 무성한 갈대숲에서 난 바이올린을 연습했어. 어른들은 내 연주 듣기를 좋아했지. 어린 내가 바이올린을 연주할 때면 기립박수를 쳐 주며 행복해 했어. 하지만 또래 친구들은 달랐지. 어른들의 귀여움을 받는 나를 언제나 시기 했어. 그들에게 맞고 들어오는 날이면 어머니는 언제나 내 귓가에 속삭였지.

"사랑해, 아들. 넌 최고의 음악가가 될 거야."
"난 누군가를 위한 곡을 꼭 쓰고 싶어요."

갑자기 사내가 타고 있는 승용차 옆을 커다란 덤프트럭이 추월해 온다. 길이 보이지 않는 눈길 위에서 질주하던 트럭의 몸체가 괴물처럼 스친다. 작은 승용차 옆을 아슬아슬하게 미끄러지며 추월하는 트럭의 존재는 이방인에 대한 어설픈 환영방식이다. 어쩌면 어머니와 함께 보냈던 고향 마을을 찾아오는 성공한 음악가에겐 신선한 충격일지도 모른다. 상대의 난폭 운전은, 고향의 폐교를 사들여 아픈 몸을 쉬려고 찾아온 한 음악가에게 닥칠 앞으로의 일에 대한 감독 나름의 영화적 모티브였다.

스웨덴 북쪽 오지 마을인 노오랜드는 예전 그대로 였다. 다만 시골을 벗어난 젊은이들로 인해 어릴 때 다니던 학교가 없어졌을 뿐이다. 어린 시절 친구들의 집단 따돌림과 어머니의 사고가 아픈 상처로 남아 있지만, 다니엘은 찾아오는 이 조차 없는 한적한 고향이 낯선 만큼 포근해진다. 소리 없이 내리는 눈발이 쌓여 나뭇가지가 부러지듯, 고요한 마을은 작은 교회의 목사가 절대 권력자처럼 버티고 있었다.

그는 작은 마을의 교회 성가 대장이 된다. 성가 대원 각자는 가슴에 상처 하나씩 안고 살아가고 있다. 그들은 그를 만나 저마다 자기가 지니고 있는 고유한 음색을 발견하고 화음을 모은다. 케이 폴락Kay Pollak 감독이 굳이 마에스트로maestro인 다니엘에게 초점을 맞추지 않고 소시민인 성가대원들의 아픔을 다뤘는지 이해가 가는 부분이다. 음악은 각자가 지닌 특별한 음색의 소리로 자신을 드러내며 상처를 치유 받는 소통의 통로가 된다. 여러 사람들이 모여 한 소리로 나와야 하는 합창choir은 소통을 넘어 화합과 정情을 다진다. 이 영화가 성공할 수 있었던 핵심은 유명한 지휘자도 아니고, 훌륭한 악기도 아닌 천상의 소리를 택한 감독의 혜안 탓이리라.

남편의 잦은 구타로 심신이 지쳐 있는 가브리엘라에게 다니엘은 그녀를 위한 노래를 작곡해 준다. 가브리엘라가 가정 폭력에서 벗어나 자신의 목소리처럼 아름다운 삶을 살기를 간절히 바라는 마음은 성가 대원들에게도 통했다.

그가 새로 작곡한 노래는 천국에 있는 것처럼 모두에게 용기와 상처를 어루만질 수 있는 희망을 안겨 준다. 학교 폭력에 시달렸던 덩치만 커진 젊은 사내. 그의 억눌렸던 분노는 대원들에게 서로 안아 줄 수 있는 여유를 만들어 준다. 초등학교 시절부터 흠모한 여인에게 사랑을 고백하는 노년의 주름진 얼굴은 평화롭기만 하다. 정신적으론 부족하지만 천상의 목소리를 신에게 부여 받은 장애우는 함께 하는 자체만으로도 행복하다. 사랑했던 남자에게 버림받은 아픔 때문에 방탕한 세월을 보내던 레나에게 어린 시절 천사를 그려 주던 할아버지의 온정을 되살려준 이는 다니엘이다. 목사 부인이던 인거는, 인간의 내면에 웅크리고 있는 감정에 충실 하자며 남편인 목사에게 호소한다. 보수적인 사고의 틀 속에 갇혀 참회 기도로 신앙심을 대변하려는 목사의 이중성에 대항하며 진정한 종교관을 외치는 인거. 감정에 충실하고자 하는 그녀의 태도는 신앙생활을 하는 모든 이들에게 경종을 울려 준다.

작은 시골 마을에 변화의 바람이 불어 왔다. 교회를 찾아와 작고 큰일들을 목사와 상의하고 결정하던 사람들이 성가 대원들과 친목을 다지기 위해 다니엘의 주위로 모여들었다. 목사를 필요로 하지 않게 된 사람들은 교회도 찾지 않고 예배에도 참여하지 않았다. 자신이 최고라고 여겼던 목사는 상실감을 느끼고 다니엘을 성가대장에서 퇴출시킨다. 교회는 성가 대장을 버렸지만 사람들은 합창을 하기 위해 어린 시절 동심이 깃들여 있는 폐교로 다니엘을 찾아온다. 소리는 진정한 울림으로 사람의 마음을 보듬었다. 각자 서로의 사정만 중요시 했던 이기적인 사람들이 '나' 보다는 '너'를 먼저 배려한다. 성가대원들은, 내 아픔을 어루만져 준 이웃들에게 힘을 합쳐 단합하면 뜻을 이룰 수 있다는 용기를 발견하며 자신감을 얻는다.

영화는 사람들이 살아가는 모습을 소리인 음악과 흰색인 눈의 향연으로 대비해 보여 주고 있다. 영상미는 소리를 통해 사회 구성원들이 느껴야 하는 아픔과 행복함과 불행함과 사랑에 대해 주제를 표출해 냈다. 소리는 소통의 도구로, 흰 눈은 은유의 상징인 마음으로, 순결하고 순수한 소시민의 자세를 대변한다. 절대 신의 영역인 교회에서 시작된 그들의 화해와 용서는 각자가 지닌 아픔을 찬송가를 부르며 치유 받았다. 목사의 설교보다 더 아름다운 노래는, 소리의 조합으로 하느님을 맞이하면서 스스로 사랑하는 방법을 깨닫는다. 더불어 신의 영역으로 다가갈 수 있는 교회는 겉치레일 뿐 내면의 마음을 어루만져 주는 일에 실패했다.

다니엘은 화장실 환풍구를 통해 들려오는 천상의 소리를 들으며 눈을 감는다. 아름다운 소리는 화장실이란 공간 구성을 통해 우리를 끝까지 배신하지 않았다. 추함과 아름다움, 더러움과 깨끗함으로 대변 되는 인간의 삶은 현실에서 감정을 앞세운다. 영상은 화장실이란 공간과 소리라는 매개체로 "죽음"을 맞이하고 신에게 도달하고자 한 음악가의 영혼을 천국으로 안내하고 있었다.

 우리들의 삶은 상처투성이다. 하지만 가브리엘라의 노래처럼 내가 선택한 길이 삶이라면, 내가 살았던 삶이 온전히 내 것이라면, 천국은 어딘가에 존재할 터다. 그러기에 우린, 내 삶을 충분히 살았다고 말 할 수 있겠지.

탈출기

 언제인가부터 꿈꾸며 살았다.
 울창한 숲 속에 있는 자그마한 암자에서 새소리, 바람소리, 나뭇잎 부딪치는 소리를 벗 삼아 단 하루만이라도 혼자 있고 싶었다. 하지만 그 일이 얼마나 무섭고, 두려운 일인가를 경험한 후, 그런 소원은 부질없는 망상임을 알게 되었다.
 암자에서의 어둠은 노을이 지는 시간과 동시에 찾아왔다. 주변 상황과 상관없이 스며드는 어둠의 물결은 촉각을 곤두서게 했다. 불빛도 보이지 않는 산속의 고요는 두려움마저 싹트게 만들었다. 시간이 흐를수록 바람과 나뭇잎과 곤충들 그리고 처마 끝 풍경까지 공포의 화신으로 변해 머릿속을 어지럽혔다. 결국 밤새 잠을 설친 뒤 암자를 내려와

야 했다. 그 후로 숲속 암자에 대한 환상은 물거품처럼 사라져 버렸다.

　얼마 전, 경쾌한 소리를 내는 새 한 쌍을 지인이 들고 왔다. 복잡한 마음을 정화 시켜 줄 귀한 선물이라 반갑고 또 반가웠다. 현대 문명이 만들어 낸 경이로운 발명품들에게서 나오는 금속성의 소리에 싫증을 느낄 때였다. 평소 자연의 조화가 어우러진 아름다운 소리를 듣고 싶었기에 한 쌍의 새는 지루한 일상에 활력을 불어넣어주기 안성맞춤이었다.

　가만히 앉아 눈을 감아 본다. 숲이 우거진 산등성이가 나타났다 사라진다. 산에는 수많은 나무와 들풀과 야생화가 흐드러지게 피어있다. 어디선가 몽상가의 품격에 어울리게 온갖 새들의 울음소리가 까르륵, 까르륵 산야를 어지럽힌다. 이즈막 나는 새소리를 그리워하며 새로운 환경을 동경해 왔다. 우리가 흔히 볼 수 있는 참새, 까치라든가 아니면 철창 속에 가둬 두고 키우는 관상용 새 소리라도 좋았다. 그들이 내는 소리에서 청아하고 고결한 청자 항아리며, 담백하고 우아한 백자 항아리를 발견하고 싶은 지도 모르겠다. 아니면 매일 들려오는 주변의 혼탁한 소음 속에서의 탈출을 새 소리에서 기대하고 있었는지도 모른다.

　가까운 곳에 김포공항이 있는 도시라 그런지 우리 동네는 비행기 소음이 유독 심했다. 새벽잠에서 막 깨어나려고 할 때 창문이 흔들릴 정도의 굉음은 공허한 상상마저 불러 일으켰다. 어느 날, 부실 공사로 아파트가 무너져 내리듯이, 우리 집도 '와르르 꽝' 사라져 버릴지 모른다는 피해망상 같은 착오는 나를 무력하게 만들었다. 철근과 콘크리트로 치장한 도회지의 삭막한 빌딩 속에서 울려오는 새 소리는 혼탁한 머릿속을 맑게 채워 줄 청량제가 될 지도 모른다. 한 쌍의 십자매라도 키우며 위로 받고 싶은 내 속내는 지인의 선물 덕분에 삼복더위도 시원하게 보내게 되었다.

섭씨 백도에 무색의 물은 부글부글 기포를 발하며 끓어 오른다. 끓는 물에서 뿜어지는 뜨거운 수증기가 한 여름 햇살을 길게 늘어놓으며 휘청대고 있다. 베란다에 죽 늘어 서 있는 꽃나무 이파리 한 장 한 장에서부터 거실 장식장 밑바닥에 깔린 먼지 끝자락에까지 내려 쪼이는 폭염은 도시에서의 새 소리를 더욱 그리워하게 했다. 뜨거운 여름날. 밖을 나가기는커녕 내다보는 일 조차 짜증스러울 때였다. 푸른 산이 있고, 졸졸졸 냇가가 있는 한적한 시골로 휴가를 떠나고 싶었다.

하지만 사람 구경을 할 수 없는 시골의 한낮은 도회지의 여름 날 보다 소음이 없다는 이유만으로도 충분히 따분하고 지루했다. 자동차소리, 사람소리, 에어컨 모터 소리에서 벗어나 기분이 상쾌했던 것도 잠깐, 왠지 몸에 익숙하지 않은 고요가 불안을 몰고 왔다. 자동차 소리 대신 나뭇잎이 사르락 사르락 부딪치는 소리와 들쥐가 텃밭을 가로지르며 달음박질치는 일에도 두 귀는 쫑긋 곤두섰다. 집안이 텅 비어 있고, 드문드문 떨어져 있는 옆집도 비어 있고, 마을에는 개 몇 마리와 소 한 두 마리 밖에 없을 거란 생각은 불안감을 더 해 주었다. 혼자이고 소외된 듯한 분위기는 고요함과 더불어 상실감마저 불러왔다. 몇 년 전, 암자에서 주변이 고요한 탓에, 작은 바스락거림조차 공포로 엄습해오며 두려움을 몰고 왔던 때와 흡사 했다.

그동안 나는 종교와는 무관하게 살아왔다. 불교의 자비나 기독교의 사랑은 내 삶을 돌아보는데 아무런 영향이 없을 줄 알았다. 그런데 그 날 돌이켜 곱씹어 볼 수밖에 없는 화두 하나를 받아 왔다. 속세에서 무심코 저지른 잘못이 얼마나 많았던가. 남의 마음을 아프게 할 정도로 죄 지은 일은 없는가. 살아생전 스스로 잘못한 일이 많기 때문에 겁나고, 두렵고, 무서운 것 아닐까. 가슴속에 순수하고 아름다운 사랑이 많을수록 두려워야 할 일도, 무서워해야 할 일도 없으리란 생각이 들었다. 전깃불도 들어오지 않는 산사에서 낯선 창호지 빗살 사이로 어른대는 촛불의 흔들거림에서조차 두려웠던 나는, 한낱 미물보다도 못하다는 깨우침을 배웠다. 도회지의 바쁜 일상에서 벗어나 며칠 동안 보냈던 시골 생활은 내 삶의 일부분에서 그리운 여운으로만 남게 되었다.

밤새 귀뚜라미 우는 소리가 간절하다. 회색 콘크리트 어느 틈새로 들어왔는지, 곤충의 울음소리가 신비로울 정도로 경이롭다. 도시의 답답함과 권태로움에 밀려 시골로 화려한 탈출을 시도해 봤어도 느끼지 못했던 귀뚜라미의 울음소리 아니었던가. 아파트 한 귀퉁이에서 들려오는 소리가 환청은 아니었다. 잠을 설치게 한 탓에 시끄럽다거나 귀찮다는 생각보다 길 잃은 어린 아이가 부모를 찾는 울부짖음으로 들려 애처로웠다. 삭막한 회색 공간에서 누릴 수 있는 자연과의 최소한에 대화라 생각하는 내 마음이 욕심은 아니겠지 스스로 위로해 본다. 낯선 곳에 들어 온 벌레 울음소리라 탓하기 이전에 도시인들의 잃어버리고 사는 여유를 되찾게 해 준 요정의 소리는 아닐까. 두 귀를 세우고 경청해 본다.
 일상에서 잊혀 진 소리와 꿈을 새와 벌레에서라도 찾고 싶고 의지하고 싶은 내 마음을 헤아려 주려나. 귀뚜라미 울음소리를 건강하게 살아가고자 하는 자연의 선물로 받아들이고 싶다.

프리다 칼로의 '나의 탄생' 너머

 어질고 자상한 어머니를 꿈꾼다.
 남편에게 더욱 사랑 받는 여인이고 싶다. 한 평생을 살면서 여자란 성性이 원하는 행복은 지극히 보편적인 일상이다. 한 남자를 만나 결혼해서 자식을 낳고 화목한 가정을 꾸리는 평범한 일이 자신에게 주어지지 않는다면 우린 삶을 원망해야 할까.
 멕시코를 대표하는 초현실주의 화가이자, 페미니스트들의 우상인 프리다 칼로Frida Kahlo1907~1954를 뉴욕 현대미술관에서 만났다. 그녀의 강렬한 눈빛에서 마력이 뿜어져 나오는 듯, 그림 앞에 선 내 몸은 움직일 줄 몰랐다. 여섯 살 때 앓은 소아마비와 열여덟 살에 당한 버스사고 후유증으로 서른 두 번이나 수술을 받으며, 평생을 불구의 몸으로 살아야 했던 프리다 칼로. 그녀는 오늘날 육체적, 정신적 고통을 독특한 작품세계로 승화시켜 멕시코 화단뿐 아니라 전 세계가 인정하는 여류화가로 주목 받고 있다. 그녀의 자화상에서는 새 생명을 잉태시킬 수 없는 좌절감이 적나라하게 그려졌다. 또한 남편과의 불화에 대한 집착과, 멕시코의 혼란스러운 사회상이 경이로움으로 표출되고 있다. 스물한 살이란 나이 차이에도 불구하고 20세기 벽화 운동의 거장이었던 디에고 리베라의 세 번째 아내가 된 후, 결혼과 이혼과 별거와 재결합을 거듭하면서 그로 인해 얻은 명성만큼, 수많은 시련을 감내해야 했다. 디에고는 프리다의 평생 연인이자 정치적 동지였고, 예술의 동반자였지만, 독특한 여성 편력을 갖고 있었다. 프리다는 슬픔과 괴로운 현실을 모두 받아들이는 통로로 그림 그리기에 몰두했다. 평생 아이를 가질 수 없다는 의사의 진단은 한 소녀를 절망의 구렁텅이로 빠뜨리기에 충분했다.

프리다의 작품 〈나의 탄생, 1932〉은 자신이 경험하지 못한 출산 장면을 충격적이면서도 신랄하게 묘사하고 있다. 이 그림을 작업할 당시 프리다는 유산을 겪은 직후에 암으로 투병하던 어머니마저 세상을 떠났으니 정신적으로 매우 힘든 상태였다. 넓은 마루에 침대만이 놓여 있고, 흰 침대보로 얼굴과 상반신을 가린 여성의 자궁에서 막 머리가 나온 아이 모습은 어쩌면 프리다 칼로 자신일지 모른다. 〈나의 탄생〉에서 그녀는 지난날을 잊고 육체와 마음이 건강한 사랑스런 프리다로 다시 태어나고 싶었던 건 아닐까. 여성으로서 사랑하는 남편의 아이를 낳아 기를 수 없다는 자괴감은 어머니와의 이별로 인해 자의식을 잃어버릴 정도로 혼란스러웠으리라. 하지만 모성본능은 생명을 키워내지 못한 자궁에 대한 미련을 예술혼으로 아름답게 승화 시켰다. 꿋꿋한 그녀의 화풍이 세기를 넘어 칭송 받는 이유가 여기에 있을 터다.

1930년 프리다 칼로는 처음으로 임신을 했으나 건강 상태가 좋지 않아 인공 유산을 할 수밖에 없었다. 두 번째 임신 역시 3개월째 유산이 되고 말았다. 임신은 여성으로서 가장 아름답고 숭고한 의식임에도 프리다는 자신의 건강으로 인해 잃어버린 아이에 대한 고통을 드로잉 작업을 하며 잊으려 애썼다. 침대 시트 위에 흥건한 피 자국을 보며 공포심에 소름이 돋는 순간, 아일랜드에서 살고 있는 친구 얼굴이 프리다의 자화상처럼 가슴을 헤집고 들어앉았다.

아버지 얼굴도 모른 채, 혼자 자라야 했던 친구는 외로움 때문에 언제나 힘들어 했다. 고향에서의 기억을 잊고 싶어 아일랜드 남자와 결혼 해 딸 하나를 낳아 키우고 있지만 늘, 또 다른 아이를 원했다. 언니, 오빠, 동생이 있는 친구들이 부러워 자신은 많은 아이를 낳고 싶다며 입버릇처럼 말했다. 하지만 지난 과거만큼 그녀의 자식에 대한 기대는 마음처럼 쉽지 않았다. 친구의 나이 탓인지, 임신을 할 때마다 염색체 이상으로 기형아 진단을 받으며 욕심은 화를 불렀다. 임신을 하고 제일 큰 바람이 있다면 건강한 아이를 출산하는 일이 아닐까. 어미의 뱃속에 잉태되어 있는 아기가 과학 문명의 힘으로 건강한 아이인지 아닌지를 판별하는 의술이 야속한 이즈음이다. 하지만 그 진단을 받고 선택해야 하는 부모 입장은 하느님께 드리는 기도와, 부처님께 드리는 기도로도 부족한 듯싶다. 혼자 크는 아이에게, 의지하고 기댈 수 있는 형제를 만들어 주고 싶었던 친구의 바람은 서너 번이나 어긋나고 말았다. 친구의 자식에 대한 집착은 번번이 뱃속에서 꼬물거리는 아이를 낙태시키는 죄를 짓고, 씻을 수 없는 업보를 만들었다. 프리다의 그림에서처럼 뱃속의 태아는 엄마와 연결되어 있는 탯줄을 놓지 않으려 얼마나 발버둥 쳤을까. '살려주세요, 살고 싶어요' 소리칠 수 없어 이마를 찡그리고, 두 주먹을 쥐며 부들부들 떨었을텐데 어른들은 외면했다.

〈프리다의 유산, 1932〉에서 뱃속의 태아는 왼쪽 하단의 성장한 태아와 탯줄로 보이는 끈으로 연결되어 있다. 몸 밖의 태아는 인형처럼 수동적인 모습으로 벌거벗은 채 그녀를 등지고 서 있다. 그녀의 뺨에는 방울방울 눈물이 흐르고 있다. 남편의 잦은 외도로 인해 극심한 정신적 충격을 받은 프리다는 배심감과 분노로 좌절감에 사로 잡혀 그림에 모든 감정을 풀어 놓았다. 하지만 자식을 간절히 원하던 친구는 자신의 성장기 아픔을 잊으려다 오히려 마음의 죄를 짓고 속죄의 나날을 보내고 있다. 프리다는 자신의 고통을 잊기 위해 짙은 속눈썹과 굳게 다문 입, 무표정한 얼굴, 현실에 대한 대담하고 솔직한 회화적 묘사로 성공적인 작품세계를 이루었다. 하지만 친구는 여러 가지 불행한 경험으로 하루하루를 강박관념의 늪에서 허우적거리고 있다. 프리다 칼로의 그림이 고통스러운 현실에 대한 사적 고백이며, 여성만이 체험할 수 있는 인간 존재에 대한 본질적인 물음을 던져 주고 있다면, 친구의 자식에 대한 집념과 도덕적 잣대는 어떻게 용서받을 수 있을지 갈피를 잡을 수 없다.

모성애에 대한 기본적인 행복도 느껴보지 못한 채, 자기 탈출을 위해 영원한 외출을 꿈꿨던 한 예술가의 영혼과 친구의 안타까운 삶이 연민으로 남는 오늘이다.

■ 연보

1. 학력 및 등단
1960년 강원도 춘천에서 출생
1979년 춘천 유봉여자고등학교 졸업
1997년 ≪해동문학≫ 여름호, 〈잃어버린 고향〉으로 수필 등단
2009년 동국대학교 문화예술대학원 문예창작학과 석사
2011년 ≪수필과 비평≫, 〈법정수필 연구〉로 평론 등단

2. 문단 활동 및 경력
1997년 성남 〈여성문학회〉 회장 역임
1999년 한국문인협회 회원가입
2002년-현재까지 〈열린문학회〉 자문위원
2003년 김포대학 부설 평생교육원 아동독서지도자 과정 수료
2003년 국제PEN한국본부 회원 가입
2006년 독서 논술 지도사 수료증 취득
2006년 평생 교육사 2급 자격증 취득
2006년-2013년까지 디지털서울문화예술대학교 출강
2008년 독서 치료사 및 한국어 교원 자격증 취득
2009년 국제PEN한국본부 경기지부 이사

2010년 ≪해동문학≫ 경기지부 지부장
2012년 ≪에세이포레≫ 편집위원
2012년 동서문학상 수필부문 심사위원
2013년 ~ ≪미래시학≫ 편집위원
2014년-15년 순암선생 저서 독서감상문 전국공모전 심사위원
2015년 제15회 김포시민 독서 감상문 공모 작품 평가 심사위원 위촉
2016년-2018년까지 김포시 북부노인복지관 문학창작반 출강
2016년-현재까지 ≪여행작가≫ 편집국장
2016년-2018년까지 수필과비평 작가회 서울경인지부장 역임
2017년-18년 청향문학상 심사위원

3. 수상
1997년 ≪해동문학≫ 여름호, 수필 〈잃어버린 고향〉으로 신인상 수상
1999년 한국 예총 성남지부 예술 공로상 수상
2000년 성남시장 표창장(제2580호)
2002년 경기문화재단 문예창작지원금 수혜

2002년 수필 〈잃어버린 고향〉으로 제17회 성남 문학상
본상 수상
2003년 수필집 ≪창밖의 지붕≫으로 제10회 경기도 문학
상 우수상 수상
2011년 ≪수필과 비평≫, 평론 〈법정수필연구〉로 신인상 수상
2013년 수필집 ≪물색없는 사랑≫으로 풀꽃수필 문학상 수상
2015년 평론집 ≪수필로 말하기≫로 일신수필 문학상 수상
2017년 수필집 ≪물색없는 사랑≫으로 신곡문학상 본상 수상

4. 작품집
2002년 첫 번째 수필집 ≪창밖의 지붕≫ 출간
2005년 두 번째 수필집 ≪탈출기≫ 출간
2009년 개인 논문집 ≪법정 수필 연구≫ 출간
2010년 법정추모산문집 ≪맑고 아름다운 향기≫ 공저로 출간
2012년 세 번째 수필집 ≪물색없는 사랑≫ 출간
2014년 평론집 ≪수필로 말하기≫ 출간
2018년 ≪불교로 읽는 고전 문학≫ 공저로 출간

현대수필가 100인선 II · **54**
이명진 수필선

디아 띄우기

초판인쇄 | 2018년 12월 26일
초판발행 | 2018년 12월 31일

지은이 | 이 명 진
펴낸이 | 서 정 환
펴낸곳 | 수필과비평사 · 좋은수필사

주　소 | 서울시 종로구 삼일대로 32길 36.
　　　　(익선동 30-6)운현신화타워 305호
전　화 | 02)3675-5635, 063)275-4000
등　록 | 제 300-2013-133호
홈페이지 | http://www.shinapub.com
e-mail | essay321@hanmail.net

값 8,000원

ISBN 979-11-5933-201-2　04810
ISBN 979-11-85796-15-4　(세트) 04810

* 저자와 협의하여 인지는 생략합니다.
* 잘못된 책은 바꿔 드립니다.

이 도서의 국립중앙도서관 출판시도서목록(CIP)은 서지정보
유통지원시스템 홈페이지(http://seoji.nl.go.kr)와 국가자료
공동목록시스템(http://www.nl.go.kr/kolisnet)에서 이용하실
수 있습니다.(CIP제어번호: CIP2018042725)